歌う、弾く、表現する保育者になろう

保育士・幼稚園教諭養成テキスト

全国大学音楽教育学会 中・四国地区学会 編著

音楽之友社

目　次

　　はじめに ……………………………………………………………………………… 4

第1章　歌唱

第1部　声楽 ……………………………………………………………………… 6

　　1　声を出してみよう ………………………………………………………………… 6
　　2　声の不思議 ………………………………………………………………………… 7
　　　　（1）生まれて初めての声「産声」とは　（2）1人ひとり違う声紋
　　　　（3）声は感情や意志を伝える表現手段
　　3　人はなぜ歌うのか ………………………………………………………………… 7
　　　　（1）歌という表現法の成立　（2）人間にとって歌とは
　　4　子どもの声の発達 ………………………………………………………………… 9
　　　　（1）誕生直後の乳児が歌えるようになるまで　（2）声域の発達
　　5　声を磨く──発声練習にチャレンジ！ ………………………………………… 11
　　　　（1）姿勢　（2）呼吸　（3）口形　（4）共鳴　（5）表情
　　6　あなたらしさを表現する歌のワンポイントレッスン1
　　　　──あなたの好きな歌を豊かに歌唱表現 ……………………………………… 13
　　　　（1）歌い始める前に　（2）歌う時は　（3）歌い終わったあとに
　　7　あなたらしさを表現する歌のワンポイントレッスン2
　　　　──あなたの好きな歌を豊かに歌唱表現　実践例 …………………………… 15
　　　　（1）実際に歌ってみよう1『コンコーネ50番』NO.1
　　　　（2）実際に歌ってみよう2『見上げてごらん夜の星を』

第2部　ソルフェージュ ………………………………………………………… 19

　　1　予備知識 …………………………………………………………………………… 19
　　2　練習問題 …………………………………………………………………………… 21

第3部　2部合唱のつくり方 …………………………………………………… 31

　　1　合唱とハーモニー ………………………………………………………………… 32
　　2　2部合唱のつくり方 ……………………………………………………………… 32

第4部　いろいろな歌 …………………………………………………………… 34

第2章　器楽

　　はじめに ……………………………………………………………………………… 68
　　1　はじめてのピアノ ………………………………………………………………… 69
　　　　（1）ピアノを弾く前に　（2）さあ、ピアノに触れてみよう！
　　2　弾き歌いにチャレンジ …………………………………………………………… 72
　　　　（1）ハ長調（C dur）入門──『むすんでひらいて』　（2）ハ長調（C dur）──『とんぼのめがね』
　　　　（3）ト長調（G dur）──『ふしぎなポケット』　（4）ヘ長調（F dur）──『たなばたさま』

3 両手伴奏にチャレンジ……………………………………………………………… 78
　　　　（1）4分の4拍子　（2）4分の2拍子　（3）4分の3拍子
　　4 動きを伴う曲にチャレンジ………………………………………………………… 84
　　　　（1）動きを伴う曲って？　（2）代表的なリズムづくり

第3章　表現
　　1 感性と表現………………………………………………………………………… 92
　　2 身体と音楽………………………………………………………………………… 93
　　　　（1）呼吸と体の内から発する音　（2）体の動きと音楽　（3）身体の音
　　3 身の回りのものと音楽…………………………………………………………… 98
　　4 楽器と音楽………………………………………………………………………… 99
　　5 子どもと一緒にできる音遊び……………………………………………………100
　　　　（1）詩に音をつけてみよう　（2）CDの音楽と手づくり楽器の音でアンサンブルをしましょう
　　6 わらべ歌……………………………………………………………………………106
　　　　（1）わらべ歌　（2）わらべ歌遊び

第4章　楽典
　　はじめに ………………………………………………………………………………114
　　1 音 ……………………………………………………………………………………115
　　　　（1）音　（2）純音、楽音、噪音　（3）音の性質
　　2 譜表…………………………………………………………………………………116
　　　　（1）五線・加線　（2）音部記号・譜表　（3）音名　（4）変化記号
　　3 音符・休符…………………………………………………………………………118
　　　　（1）音符・休符　（2）付点音符（休符）・複付点音符（休符）　（3）連符
　　4 リズム………………………………………………………………………………119
　　　　（1）リズム・拍・拍子　（2）小節・小節線
　　5 音の響き……………………………………………………………………………120
　　　　（1）音程　（2）音階　（3）調　（4）和音
　　6 楽語・記号…………………………………………………………………………127
　　　　（1）強さの表示　（2）速さ（テンポ）の表示　（3）奏法　（4）装飾音・装飾記号　（5）略記法
　　　　（6）曲想
　　7 形式…………………………………………………………………………………135
　　　　（1）動機、小楽節、大楽節、1部形式　（2）2部形式・3部形式

　資　料 …………………………………………………………………………………137
　参考文献 ………………………………………………………………………………141

はじめに

　保育者養成の音楽教育は、「指定保育士養成施設の指定基準について」の「教科目の教授内容」の「基礎技能」、幼稚園教育要領の領域「表現」に示された内容に沿って行わなければならない。前者では「音楽及び造形に関する基本的な知識や技能を身につけ、それらに関するさまざまな活動を通して楽しさや喜びを体験し、保育の中で取り扱う教材やそれらを展開するために必要な知識や技能を習得させる」ことを目標とし、(1) 読譜のための基本的な知識、(2) ソルフェージュ力の習得、(3) 楽しい音楽活動の経験、(4) 保育実践における音楽活動のための知識・技能の習得、という4つの教授内容を示している（音楽関連のみ）。

　また、後者では「感じたことや考えたことを自分なりに表現することを通して、豊かな感性や表現する力を養い、創造性を豊かにする」ことを目標とし、(1) いろいろなものの美しさなどに対する豊かな感性をもつなど、三つのねらいを挙げている。本書は、これらの内容を声楽、器楽、表現および楽典の4分野から教授する構成を取っている。

　ところで保育士養成の音楽関係科目であった「基礎技能」が廃止され、新たに「保育の表現技術」が設けられた。旧科目と新科目の関係は、おおまかに捉えると、保育における音楽関係活動の「基礎」と「応用」の関係と考えられる。「応用」は「基礎」の上に成立する。この観点から、本書は「基礎技能」の内容習得のために編纂したものであるが、引き続き保育者養成の音楽表現のテキストとして活用できると考える。

　筆者らは、今後の方向として、子どもの音楽的発達、サウンド・エデュケーションのような身近な自然の音に親しむなどの視点からの充実の必要性を感じており、それらについて早急に対応したいと考えている。

◻声楽分野

　ここでは、「歌うために必要な知識・技能を学び、（自らが）歌うことの楽しさや喜びを経験し、現場で歌唱活動を実践するために必要な知識・技能の習得」を目標に、声の出し方、子どもの声の発達、歌唱行動の特性、歌唱表現などについて学ぶ。

　また、ソルフェージュのコーナーを設け、代表的な課題を10項目取り上げ、それらをステップ学習の形で示した。各ステップは、練習1～3で構成されている。練習1では、よく知られた既存の曲で課題を消化し、練習2では、練習1をベースにした新曲で練習し、練習3で新曲に取り組み、そこでの課題を達成する構成をとっている。

◻器楽分野

　ここでは、「演奏するために必要な知識・技能を学び、（自らが）演奏することの楽しさや喜びを経験し、現場で簡易楽器による器楽活動や歌唱活動におけるピアノなどの器楽による伴奏をするために必要な知識・技能の習得」を目標に、カデンツによる伴奏法、その伴奏法による弾き歌い、動きを伴う曲（歩く、走る、スキップ、ころがる、回る）などについて学ぶ。合奏については、紙面の都合で割愛した。他の指導書を参考にしていただきたい。

◻表現分野

　ここでは、「感じたことや考えたことを自分なりに表現することを通して、豊かな感性や表現する力を養い、創造性を豊かにすることを実践できる力を養成する」ことを目標に、生活の中から表現のヒントを見つけ、それらを窓口にして表現活動に取り組めるような指導法をとっている。そして、それらの活動を通して、わらべうたへ、さらに音楽作品へと表現活動が広がるように配慮した。

◻理論分野

　ここでは、「楽譜を読むために必要な基本的な知識、即興演奏や創作に必要な形式・楽曲分析などの知識を習得し、即興演奏や創作の楽しさや喜びを経験させる」ことを目標に、保育者に必要と思われる内容を取り上げ、簡潔に解説した。

第1章　歌唱

第1部　声楽

1　声を出してみよう

さあ、歌のレッスンを始めます。声を出してみましょう。

- あなたの声はどんな声？
- どのくらいの音域が出ますか？
- あなたの声でいちばん気に入った声を探してみましょう。
- あなたのいちばん好きな声で、大好きな歌を歌ってみましょう。

私たちの体は、楽器になりました。そうです。歌う楽器になったのです。心と深く結びついている楽器、どこへでも移動できる楽器、自由自在に操作できる楽器、そんな楽器が、私たちの体の中にあるなんて素敵ですね！　そして、この不思議な楽器は、歌えば歌うほどいい声になっていくのです。

表　声種と声帯の長さ（ツィンメルマンによる）

音域	声帯の長さ
ソプラノ	14～17mm
メッゾソプラノ	18～21mm
アルト	18～19mm
テノール	17～20mm
バリトン	21～27mm
バス	24～25mm

図　ピアノ鍵盤上から見た各声種の音域

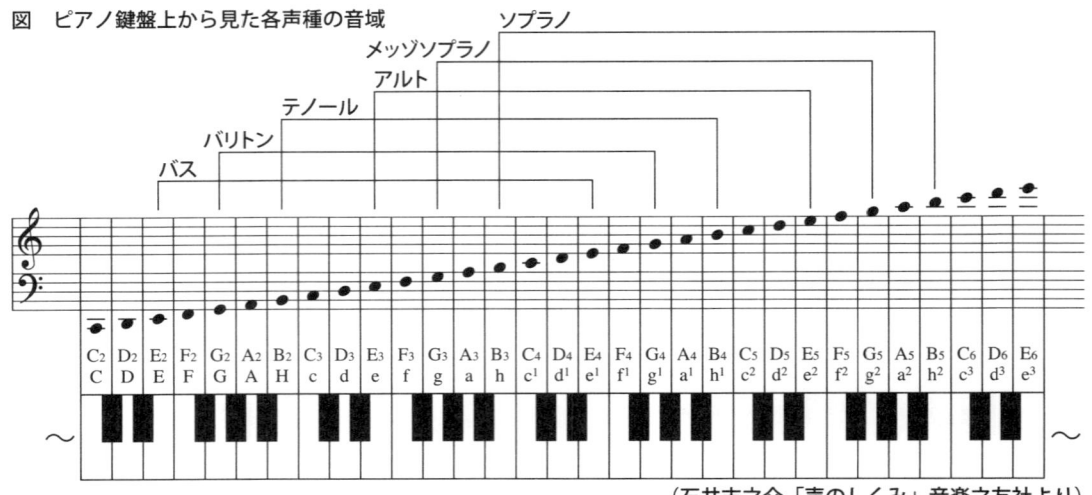

（石井末之介「声のしくみ」音楽之友社より）

2 声の不思議

（1）生まれて初めての声「産声」とは

　人間の五感の中で最も早く発達するのは聴覚だといわれています。胎児は妊娠24〜26週目頃から母親の声を聞いて育ちます。

　誕生して初めて出す声のことを産声といいますが、これは、赤ちゃんが自分で呼吸を始めた証拠なのです。産声はおよそ442Hz（ 𝄞 ）の高さで、1秒周期で発せられます。

　世界中の子どもたちが、みんなほぼ同じ高さ・周期の産声で誕生するのです。

（2）1人ひとり違う声紋

　人の声には「声紋」があり、1人ひとりが皆違う声帯を持っています。似ている声はありますが、全く同じ声はありません。世界中にただ1つしかないのが自分の声なのです。

（3）声は感情や意志を伝える表現手段

　何かを伝達する手段として動物は本能的に声を出します。それは危険を知らせる叫びであったり、異性を求める調べであったり、さまざまです。

　人も本能的に声を出すことがありますが、多くの場合、自分の感情や意志を伝えたり、表現する手段として声を使います。「声」は、人間の感情や思い、心の中を表す1つの表現手段ですから、当然のことですが、その人の人間性が表れます。

3 人はなぜ歌うのか

（1）歌という表現法の成立

　人類の歴史が始まって以来、人はさまざまな「音」とかかわりながら生きてきました。言葉の文化を持たなかった時代にも「声」を使って自分の思いを他者に伝えようと試み、また、声の出し方を変えて伝える面白さ、楽しさを発見したのです。

　そのあと意味を持った「言葉」が生まれ、それに感情を込めることにより、「声」の高さや長さ、リズムを変化させ「歌」となりました。

やがてリズム、メロディー、ハーモニーの三要素がそろい、より豊かな「音楽」となりました。「音楽」の始まりは「歌」から生じたのです。

　私たちは、声を強弱・高低・長短と使い分け、声の色合いを変えてやさしい声、怖い声、軽く弾んだ声、今にも消えそうなデリケートな声などを使うことによって、細やかな歌唱の表現方法を習得しました。
　豊かな表現により、「歌う」ほうが「話す言葉」よりも人の心奥深くに直接届き、感情を揺さぶることができるので、人は言葉を「歌」で伝えるようになったのです。

（2）人間にとって歌とは
　歌を歌うことは「人」にしかできないのでしょうか。まるで歌うように声を出す犬の声を聞いたことがあります。小鳥の美しい囁きにうっとりすることもあります。きっと歌っているのでしょう。
　しかし、直接詩を伝えたり想いを表せるのは、私たち人間にしかできない「技」なのです。歌うことは、素晴らしいことだと思いませんか。
　たとえ歌を歌うことができなくても、あるいは一部しか歌えなくても、心の中で歌うことはできます。幼い子どもや高齢者、また障害があるために声が思うように出せない人も、歌う声を聴きながら心の中で歌うことはできます。
　「歌」は歌う人だけのものでなく、歌を聴いている人をも巻き込んでいくのです。私たちにとって「歌う」ということは、自分だけでなくだれかのために歌ったり、だれかに聴いてもらうことができる、ということを忘れてはなりません。
　ここであなたと歌の関係を整理してみましょう。

- 皆さんはなぜ歌いたくなるのでしょうか？
- 何のために歌っているのでしょうか？
- どんな時に歌いたくなりますか？
- 心に残っている歌は、どんな歌ですか？

　歌うことが当たり前だと思っていましたが、私たちの生活の中で絶えず私たちに寄り添っている歌の存在がいかに大きく、また、なくてはならないものであるかが理解できます。

4 子どもの声の発達

（1）誕生直後の乳児が歌えるようになるまで

表　子どもの声・歌唱表現の発達

年齢	子どもの声・歌唱表現の発達
誕生直後	・第一声はオギャーという産声で、ほぼイ〜ロの高さで発せられる ・産声は呼吸によるリズミカルな自然音
2〜3ヶ月	・泣き声の合間に初期の喃語を発し、泣き声にも感情表現が見られる ・声の抑揚、リズムの変化、強弱が現れる
5〜6ヶ月	・声を出すことを楽しみ（ヴォーカルプレイ）、声に抑揚がつき、メロディーがつくようになる。初期の喃語が現れる
1歳	・有意語の発声が見られ、言葉や音声の模倣をしたり、言葉や音声を使って自分の感情表現をするようになる ・メロディーの認識ができる（メロディーの再現） ・1歳8ヶ月から2歳6ヶ月には初期の歌表現が頻繁に出現する
2〜3歳	・積極的に声の模倣をしたり、歌の一部を模倣して歌う ・気に入った言葉やリズミカルな言葉の繰り返しを覚えて歌うが、歌詞は曖昧 ・言葉の発達と共に自ら歌うことが増え、即興的に思いつくままに歌うこともある
4歳	・歌詞が明確になり、新しい歌にも興味を示し、聞こえてくる音に合わせて歌ったり、友だちと歌うことも楽しむ
5歳	・歌いながら自分の気持ちを表現することができ、いろいろな歌に興味を持つようになる

（2）声域の発達

　人の声はどのように発達していくのでしょうか？　声は、成長するにつれて声域、響き、音色が変わります。子どもの声域は、6歳くらいまで著しい発達をしますが、それ以降はゆるやかに拡がります。特に、男声は変声期を経て大きく変化します。女声にも変声期がありますが、男声ほどはっきりわかるものではありません。

私たちの喉にある声帯はとてもデリケートで、無理な発声をすると、生来のいい声がうまく使えなくなりますから、自然な発声を心がけてください。同じ高さの声を出しても人によって声の色が違います。

　歌の勉強は、ほかの楽器と違って変声期を過ぎてから本格的に始めても、十分間に合います。そして「美しい声」や「理想の声」のいいイメージを持ち、「上手になりたい」と願い努力することが「歌の上達」への重要なポイントです。

　声域は声の高さによって、女声では、ソプラノ、メッゾソプラノ、アルト、男声では、テノール、バリトン、バスに分けられます。訓練によって声域は変わることもあります。

　これらの声域が合わされて、合唱ができるのです。合唱の種類には、女声合唱、混声合唱、男声合唱、児童合唱などがあります。

[人の声域の発達]

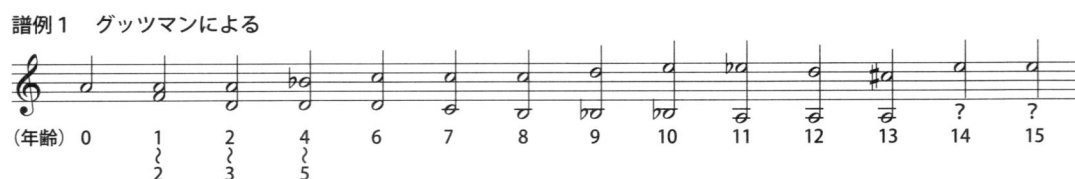

譜例1　グッツマンによる

譜例2　日本の子どもの声域（福田氏による）

譜例3　各年齢で50％以上の被験者が正しく歌えた最高と最低音

（譜例1、2とも、加藤友康著「こえの知識」鳩の森書房より）

（梅本堯夫著「音楽心理学」誠信書房より）

・あなたの声が、どのように変化したのか思い出してください。また、どのような歌を歌っていましたか。
　幼児期……、小学生の頃……、中学生の頃……、高校生の頃……。

5 声を磨く
——発声練習にチャレンジ！

さあ！　声を出してみましょう。先に述べたように、1人ひとり声は異なっています。同じ声はないのですから、自信を持って挑戦しましょう。

さていい声とはどんな声をいうのでしょうか。人には個人差があり、感じ方もさまざまです。「美しい」「快い」と感じることができたら、それがいい声です。何も構える必要はありません。自然に出す声がいちばんで、それをより効果的に響かせればよいのです。

それでは実際に練習してみましょう。

（1）姿勢

姿勢は声を支えるために安定していなければなりません。首すじを伸ばし上半身の力を抜いて、軽く足を開いて立ちます。あごを引き、見つめる先は目線の少し上です。体の重心を感じながら、腰の位置を少し下に意識してリラックスします。

着席して歌う場合は、背筋を伸ばしましょう。硬くならないで、楽な気分でゆったりとしてください。

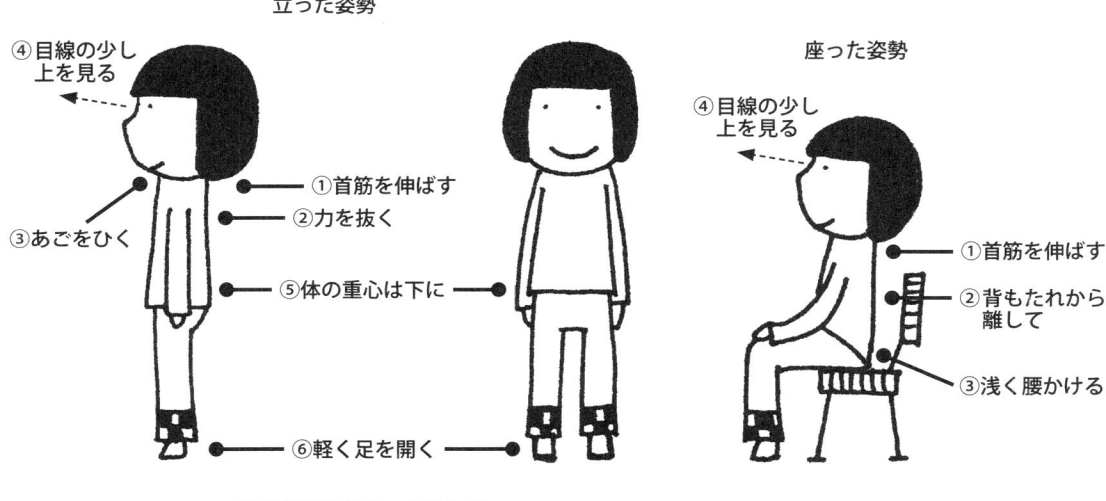

（2）呼吸

　よい発声は「呼吸」で決まるといっても過言ではありません。呼吸には腹式呼吸と胸式呼吸の二通りがあります。歌唱表現の場合は、主に腹式呼吸を使いますが、両方を用いてより多くの息を吸う場合もあります。快い香りを嗅（か）ぐ時のように深くゆっくりと鼻から息を吸い込んで、ウエストの周りに入れます。喉の奥をしっかり開けて、今、吸い込んだ鼻の辺りから声が出るような感覚で歌ってみましょう。

（3）口形

　微笑みを浮かべてみましょう。そのまま、前歯の間に中指と人差し指を縦にして入れてみます。これが「ア」の口形です。口をしっかり開けましょう。舌は自然に横たわっている感じで舌根は下げ、奥に咽頭部（いんとう）が見える程度が適当でしょう。口を開けると歌詞もはっきり発音でき、音の高さも正確になります。さらに、顔の表情も豊かになってきます。声量が少ない人の多くは、口の開け方が小さい場合がほとんどです。

（4）共鳴

　音は響くことによってその美しさや輝きを増します。どんな楽器もその形や大きさ、素材によって、楽器そのものを共鳴させているのです。「声」という楽器の場合は体全体が共鳴すると考えていいのですが、特に喉の周辺、口から鼻にかけて、頬（ほほ）、目、顔、頭部は重要な共鳴器官と意識してください。いい呼吸から出た声を共鳴させれば声量も豊かになります。口から声を出すのではなく、鼻の周辺から声が響き、頭部から声が抜けていくような感じで歌ってみましょう。

（5）表情

　歌は前を向いて歌うことがほとんどです。顔の表情で声の印象は変わります。歌詞の意味を理解して、話をするように歌ってみてください。目線をしっかり保ち、落ち着いた態度で表情豊かに歌いましょう。

　また、声は心の持ち方で大きく変化します。聴き手に伝えたい事柄をはっきり自覚し、意欲を持って主体的に歌うことが大切です。「口元にはいつも微笑みを浮かべて」を忘れないでください。

- 機嫌がよく気持ちが安定している
- 自分の気持ちを伝えたい
- エネルギーが満ちあふれている

- 不機嫌で怒っており表情が硬い

- なんとなく落ち着かず気合いが入っていない
- 何を伝えたいのか分かりにくい
- 表現力が乏しい

6 あなたらしさを表現する歌のワンポイントレッスン１
―― あなたの好きな歌を豊かに歌唱表現

（１）歌い始める前に

- **自分の声に合った歌を選びましょう。**
  自分の出しやすい声域を思い出してください。いちばん出しやすい音域の歌を選びましょう。

- **少し、声ならしをしましょう。発声練習は念入りに！**
  いきなり声を出すと無理な発声をして、声帯を痛めることがあります。必ずウォーミングアップをしましょう。低い声から高い声まで出してみてください。

- **新しい曲は、譜読みをしましょう。**
  耳から聴いて歌は歌えるようになりますが、まずは楽譜を正しく読んでみましょう。あくびをするように大きく口を開けて、ドレミ（イタリア音名）や母音唱（アエイオウ）で歌ってみましょう。

- **音程やリズムは正確に！**
  歌詞をつける前に、音程やリズムが正しいかチェックしましょう。音程が不正確であったり、リズムを間違って覚えてしまうと、あとから修正するのに時間がかかります。

- **歌詞を何度も唱えてみましょう。**
  日本語の歌では、１音に１音節がついています。意味のある言葉にするためには、たくさんの音やリズムを使わなければなりません。だから日本の歌は難しいのです。話しているように歌ってみましょう。

- **作詞家、作曲家の心情を読み取ってください。**
  最終的には自分らしく歌唱表現していくのですが、その前に、作詞家や作曲家のどのような気持ちが歌に込められているのか考えてみましょう。

- **作曲された当時の社会情勢や生活を調べてみましょう。**
  歌は、作曲された当時の文化や人々の生活の営み、物の考え方などの影響を受けています。古い歌の中には、歌詞そのものが今の生活の中では経験できないものもあります。例えば、たき火をおこしたり、汽車や小川、おたまじゃくしを実際に見たことがありますか。

- **意味がわからない歌詞やイメージしにくい歌詞は、調べてみましょう。**
  意味のわからない歌詞は、辞書で調べたり、周りの人に尋ねてみてください。歌の中には、次の世代に伝えたい日本の文化がいっぱい含まれています。１つひとつの歌詞を理解して、丁寧に歌いたいですね。

（2）歌う時は

- **メロディーやリズムをつけて練習しましょう。**

  歌の練習も高度になっていきます。メロディーラインをしっかり覚え、歌のフレーズをつかんでください。ブレスの位置も確認しましょう。フレーズごとに練習してみるのも効果的です。

- **この歌を通してどんなことを伝えたいですか？**

  自分の声を自由自在に使って、あなたらしい歌唱表現をすればいいのです。あなたは自分の声で何を伝えたいのですか。しっかりアピールしてください。

- **さあ、どう表現しますか。**

  声は自分の体の一部です。いちばん本能的な表現ができるはずです。気持ちと声は直結しています。悲しい時には悲しい声が、嬉しい時には嬉しい声が出るはずです。生きることの素晴らしさやつらいこと、悲しさ、いのちの尊さ、友だちとの出会い、別れなどさまざまな心の表現ができます。

- **体の動きをつけて歌ってみましょう。**

  歌っている時は、体のさまざまな器官を使っています。声帯や口、肺、横隔膜など、また手足、顔の筋肉も使っています。最近の歌謡曲では、歌い手がダンスをしながら歌ったり、バックダンスをつけたりと表現方法も多彩です。自由に歌唱表現してみてください。

- **伴奏音をつけて歌ってみましょう。**

  初めから伴奏をつけて練習することもありますが、音程やリズムが正確に取れているかをチェックするためには、まずは、自分の声がよく聞こえる状態で練習するほうが効果的でしょう。自分の声だけで歌ってみると案外間違っているところが見えてきます。

  そして音程やリズムを正確に歌えるようになったら、伴奏を付けて歌ってみましょう。

  歌と伴奏の関係はとても密接です。伴奏に頼らないで、歌だけで正しく表現できるようになることも大切ですが、歌に伴奏をつけることで、より豊かな音楽表現が可能になります。歌と伴奏楽器のバランスを考えて演奏しましょう。

- **1人で歌ったり、みんなで声を合わせて歌ってみましょう。**

  1人で歌う（独唱）のではなく、ハーモニーをつける（アンサンブル、合唱）と重厚感や華やかさが出てきます。何よりもみんなで声を合わせることが楽しくなります。自分の声がほかの人と溶け合っていくことや、自分が柔らかな響きに包まれている心地よさを感じることができたら最高です。

- **自分以外の人へ、思いを込めて歌いかけてみましょう。**

  相手を意識して歌ってみることにチャレンジしてみましょう。自分に歌いかけてみたり、伝えたい相手に向かって歌いかけてみましょう。自分の声がたんぽぽの種のようにさまざまな人のところへ飛んで行くのです。

（3）歌い終わったあとに

- 聴いている人の反応は、どうでしたか？

  聴いている人の反応を聞いてみましょう。歌いかける前とあとでは、何か違いがあるはずです。音楽は知的過程を通らず、直接情動に働きかけていきます。だから歌は、どのような人にも働きかけることが可能なのです。

- 歌ったあとの気持ちはどうですか、満足する歌い方ができましたか？

  練習の時に歌ったように、歌えましたか。相手にあなたの歌心は伝わりましたか。歌は、その時の歌う人の心情によっても、その表現は変化していきます。あなたらしい歌の表現を追及してみてください。

- 歌の練習をする上での、今後の課題はどんなことですか？

  自分で出しやすい声が見つかったら、さらに歌唱力アップを目指しましょう。歌の練習は、これで最高と思ったら、もう、後退していきます。さまざまな表現の可能性を試してみましょう。同じ歌でも何通りもの歌い方があります。

- これからチャレンジしたい歌は、どんな歌ですか？

  歌うことが楽しくなってきましたか。歌の種類では、歌謡曲からクラシック、ポップス、演奏スタイルでは独唱、アンサンブル、合唱とさまざまな歌の表現があります。

  さあ、歌いたい歌が決まったら、早速楽譜を探して、譜読みを始めましょう。

7 あなたらしさを表現する歌のワンポイントレッスン２
——あなたの好きな歌を豊かに歌唱表現　実践例

- 声は変化する。

  歌がうまくなるコツは、毎日練習することと、人前で歌う機会を増やすことです。どんな歌でも結構です。好きな歌から歌っていきましょう。人に聴いてもらう、人前で演奏する機会を多く経験することで、恥ずかしがらず、平気で歌えるようになります。

- 曲を表現する時は物語の主人公になろう。

  歌う人の性別、場所、年齢、だれにこの詩を伝えたいか、いちばん心を込めて歌いたいところを決めましょう。あなたの思いを素直に歌ってみてください。あなたにしかできない表現があるはずです。

（1）実際に歌ってみよう1 『コンコーネ50番』NO.1

第1章　歌唱

（2）実際に歌ってみよう2『見上げてごらん夜の星を』

　実際に歌ってみましょう。詩は次の通りです。

『見上げてごらん夜の星を』　永六輔・作詞／いずみたく・作曲

見上げてごらん　　夜の星を
小さな星の　　小さな光が
ささやかな幸せを　　うたってる

見上げてごらん　　夜の星を
ボクらのように　　名もない星が
ささやかな幸せを　　祈ってる

手をつなごう　　ボクと
追いかけよう　　夢を
2人なら苦しくなんかないさ

見上げてごらん　　夜の星を
小さな星の　　小さな光が
ささやかな幸せを　　うたってる

①曲を歌い始める時はまず、音程と詩が正しく表現できるように何度も繰り返して歌ってみましょう。特に歌い出しの音程はあごを出さないようにしてください。
②ここで『見上げてごらん夜の星を』のストーリーをつくりましょう。主役はもちろんあなたです。
　あなたはだれか、何歳か、動物になってもいいのです。なるべく具体的に決めてください。
③この曲はだれかと一緒に歌いますか、それとも1人で歌いますか。
④歌っている時代、時間は、場所は、どのような情景を思い浮かべますか。
⑤星に託す思いは何ですか。1番から4番までの歌詞の変化を意識して、3番は少し動きを持って、意思をはっきり伝えます。
⑥「ささやかな幸せ」の部分は音が1オクターヴ跳躍しています。体を支えて声を出してください。
　今のあなたの「幸せ」を想像してみてください。
⑦だれに向かって訴えているのか。伝えたいあるいは聴かせたい対象をつくってください。
⑧この曲が作曲された時代や背景、作曲者の意図、実際はどんな物語なのかを調べてみましょう。

1人ひとりストーリーは違います。悲しみの中でだれかを励ますために、喜びや幸せをさらに膨らませるためになど、どう歌ってもいいのです。あなたは父親にも、ライオンにでもなれます。「あなた」をずっと見守ってきた庭の「木」が歌っているという設定もできます。

　星は地球上のどこからでも見えます。広い気持ちで伸びやかに歌ってください。

- **言葉を伝えるのが歌の魅力、大切なところに心を込めて。**
　物語は皆違うのですから、自信を持って歌います。人は美しいものだけに魅力を感じるとは限りません。歌は、曲のすべてを丁寧に歌いすぎると、そのよさが目立たなくなってしまう場合があります。大切なところに心を込めて歌いましょう。

- **歌には必ずエピソードがあります。歌いながら想像してみると、もっと楽しくなります。**

- **歌は声だけの表現ではありません。体のすべて、特に顔、目の表情は大切です。**
　声だけで気持ちを伝えるのは難しいことです。伝えたい気持ちや意欲は自然に顔の表情に表れます。鏡に自分の顔を映して、顔の表情をチェックしてみるといいでしょう。

- **音楽の演奏は歌も含めて、全く同じ演奏を二度と繰り返すことはできません。その時一度だけの演奏だからこそ、貴重であり、素晴らしいのです。**

- **歌とピアノ、他楽器の関係について**
　先述したように歌はどこでも、いつでも体があれば歌うことが可能です。しかし、さらに楽器が加わるとその音楽は豊かで表現の幅が大きくなります。伴奏楽器と呼ぶこともありますが、対等に音楽をつくり出すためのパートナーともいえます。「弾き歌い」のように自分で弾きながら歌う場合と、ほかの人に演奏してもらう場合があります。いずれにしても「声」とのバランスを考え、伴奏の音量が決して歌より大きくならないように心がけてください。

第2部　ソルフェージュ

　ソルフェージュとは、音楽の基礎技能である音程やリズムの読譜、視唱練習を意味するフランス語です。語学における読み書きのようなものです。音楽を少しでも専門的、系統的に学ぶには、必要不可欠なものです。

１　予備知識

　音楽の素材は音です。音楽を構成している音を、一定の規則に従って視覚的に表したものが**楽譜**です。さて、音楽はどのようにして視覚的に表されるのでしょうか。
　まず、『かえるの合唱』を歌ってください。
　次は、軽く手拍子で**テンポ**を取りながら歌ってください。歌詞の言葉がテンポの刻みと一致する場合と、そうでない場合がありましたね。「かえるのうたが」や「きこえてくるよ」では、手拍子と同時に言葉が歌われます。しかし「ー」印のところでは、手拍子１つ分の間があります。そして、「ケ㋕㋕ケ㋕ケ」では、手拍子と手拍子の間にもう１つ㋕が歌われます。

図A

か	え	る	の	う	た	が	ー	き	こ	え	て	く	る	よ	ー
クワッ	ー	クワッ	ー	クワッ	ー	クワッ	ー	ケ	㋕	㋕	ケ	㋕	ケ	クワックワックワッ	ー

　この歌を歌うと、歌詞の言葉が高さを伴って上下に変化していることがわかります。「かえるのうたが」では、音が「かえるの」の順に上昇し、「の」を頂点に「うたが」と下降していきます。以降の音の動きは次ページ図Bの通りです。
　以上のような言葉や音の高さの変化による時間の刻みを**リズム**といいます。

図B

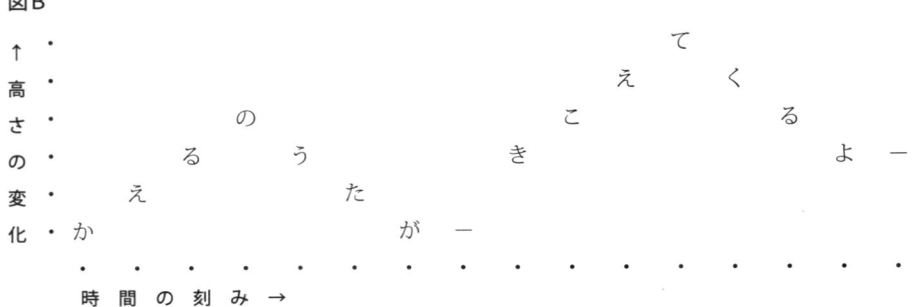

　図Bは、『かえるの合唱』を音の長さと上下の変化を視覚的に表したものです。この図を見て『かえるの合唱』を歌いなさいと言われると、少し戸惑ってしまいます。この図から受ける印象は、言葉が空間に散りばめられているなという感じです。言葉には、言葉特有の書き方があり、その法則に反したものには違和感を持ちます。同様に音楽においても、音楽特有の書き方を用いたほうがわかりやすいように思われます。

　譜例は、音楽特有の書き方である記譜法による『かえるの合唱』の楽譜です。楽譜は、音楽特有の表現方法なので、初めは戸惑うかもしれませんが、慣れるとその良さがわかってきます。

『かえるの合唱』　　　　　　　　　　　　　　　　　　　　　　岡本敏明・作詞／ドイツ曲

　音の時間の刻みであるリズムは、**音符（休符）**という記号で表します。音符は、時間の長さの割合を表す記号です。『かえるの合唱』では、4分音符（♩）、8分音符（♪）、4分休符（𝄽）の3種類の音符・休符が使われています。

　$\frac{4}{4}$は、**拍子記号**とよばれるもので、一定の時間の刻みである拍に周期性を持たせ（これを拍子という）、旋律の**リズム**を把握しやすくするものです。音符を記す5本の線を**五線**、五線の左端にある𝄞はト音記号（**音部記号**の一種）といい、五線に記された音符の高さを特定するものです。

　以上、音符・休符は第4章・楽典の「音符・休符」、音部記号は「譜表」、拍・拍子・リズムは「リズム」の項に詳しい説明があります。

2 練習問題

テーマ別にステップ1から10まであり、各ステップには3つの練習問題があります。一部の例外を除いて練習1は既存の曲による課題、練習2は1を基につくられた課題、そして、練習3は1と2の応用練習となっています。

練習課題は、（1）無伴奏で旋律を階名（ドレミ…）で歌う、（2）鍵盤楽器で旋律を弾きながら階名で歌う、（3）右手の旋律に左手でコードネームによる和音伴奏を付けて階名で歌う、以上の方法を取捨選択して練習するとよいでしょう。

ステップ1　4分の4拍子──全音符（o）、2分音符（♩）、4分音符（♩）

練習1

注1　読譜する際の速さ。1分間に88拍、108拍、132拍の3種類の速さで歌う。
注2　鍵盤で弾く時の指番号。親指から小指に向かって1～5となる。左右とも同じ。
注3　コードネーム。伴奏付けの時に弾く。

注4　**D.C.** は反復記号の一種。最初に戻って、⌢ または *Fine* で終わる。

練習2

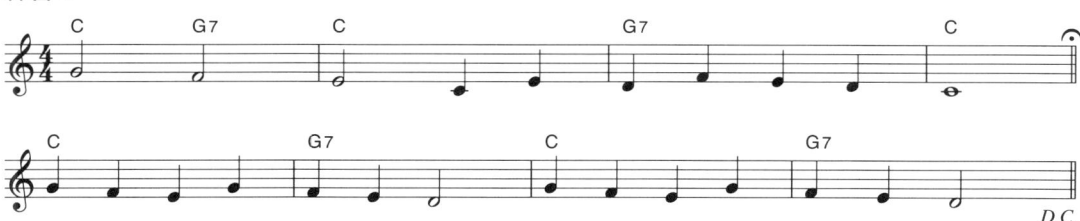

練習3

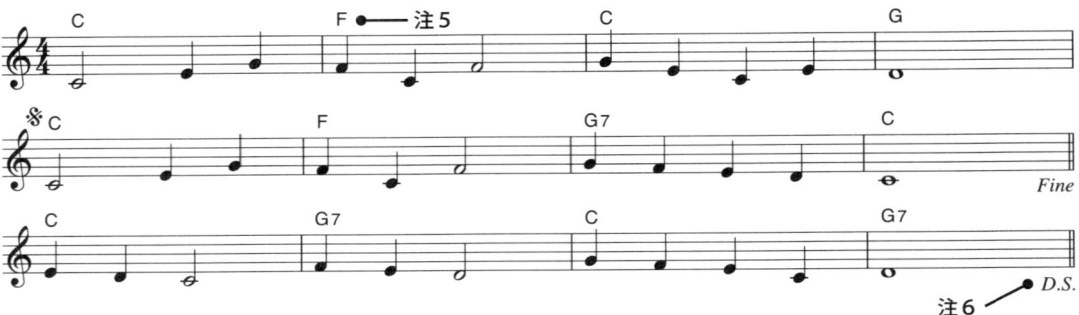

注5 　新しいコード。

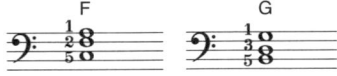

注6 　**D.S.** は反復記号の一種。記号 𝄋 に戻って ⌢ または *Fine* で終わる。

ステップ2　4分の3拍子

練習1

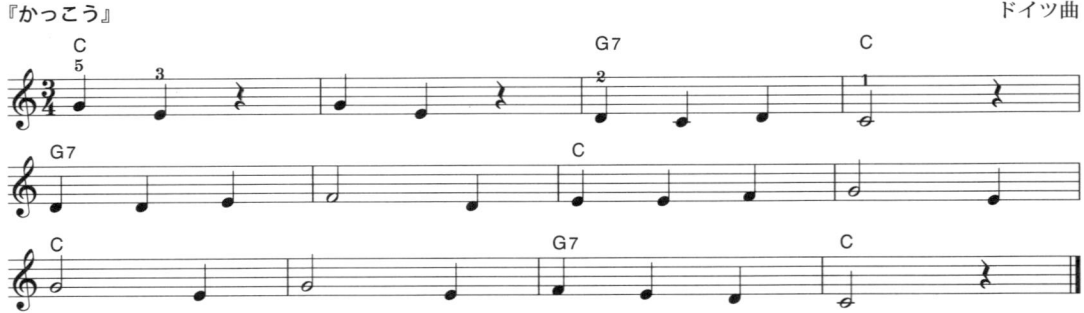

練習2

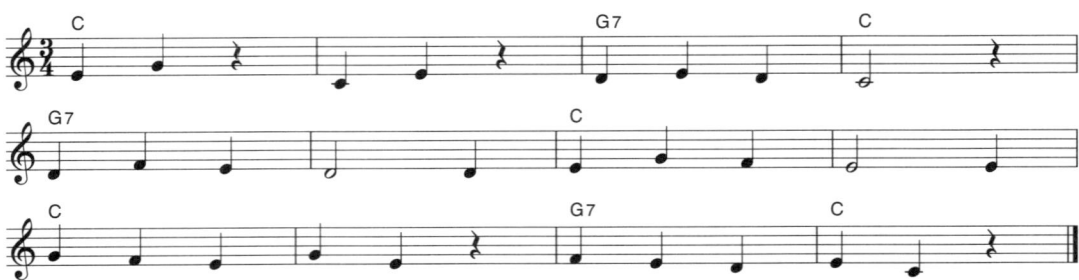

練習3

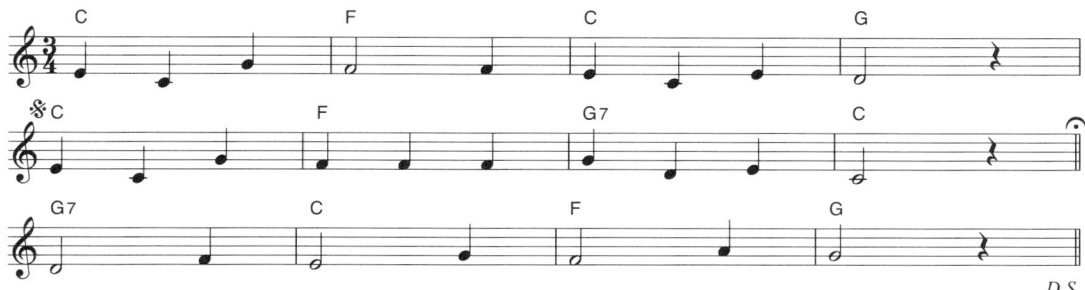

ステップ3　8分音符（♪）

練習1

『むすんでひらいて』　　　　　　　　　　　　　　　　　　　　　　　文部省唱歌／ルソー・作曲

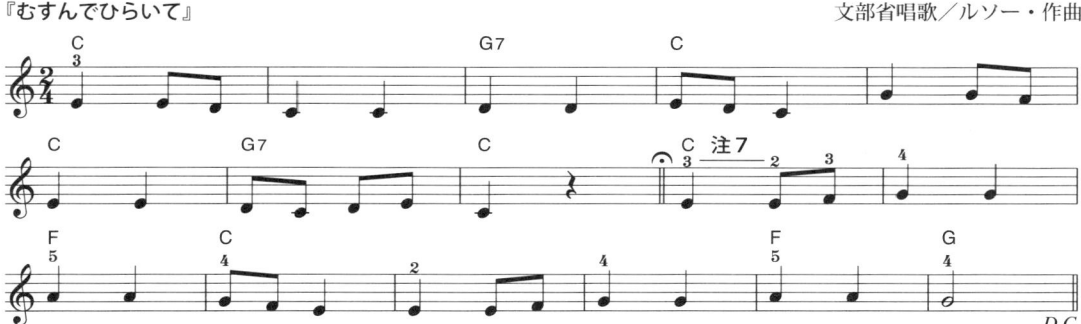

注7　ド〜ソの次の6番目の音であるラを弾くために、ここで指を置き換える。

練習2

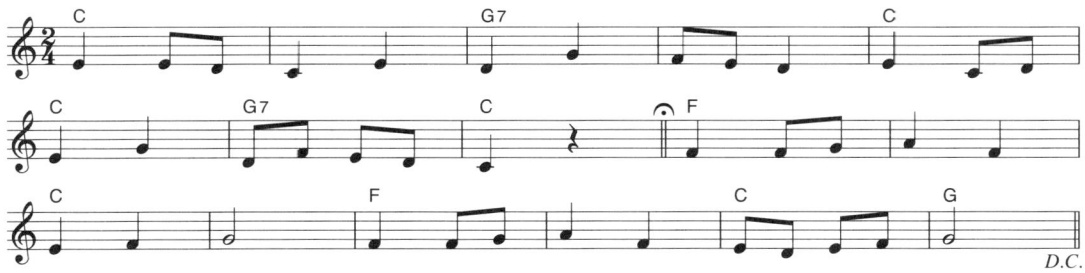

練習3

ステップ4　16分音符　♪、♬、♬、♬♬

練習1

『どんぐり　ころころ』　　　　　　　　　　　　　　　　　　　　　　　梁田貞・作曲

練習2

練習3

『雪のこぼうず』　　　　　　　　　　　　　　　　　　　　　　　　　　　外国曲

注8　ヘ長調の曲。への音が主音（ド）になる調。したがって、伴奏付けの和音もヘ長調のカデンツとなる。

第1章　歌唱

ステップ5　付点音符 ♩. = ♩ + ♪、♪. = ♪ + ♬

付点は、もとの音符の半分の長さを持っています。つまり、付点音符はもとの音符の 1.5 倍の長さを表します。したがって付点音符は、♩. ♪、♪. ♬のように、もとの音符の半分の長さの音符（または休符）と組にして扱われる場合が一般的です。

練習1

『メリーさんのひつじ』　　　　　　　　　　　　　　　　　　　　　　　　　　　　　アメリカ曲

練習2

『かたつむり』　　　　　　　　　　　　　　　　　　　　　　　　　　　　　　　　文部省唱歌

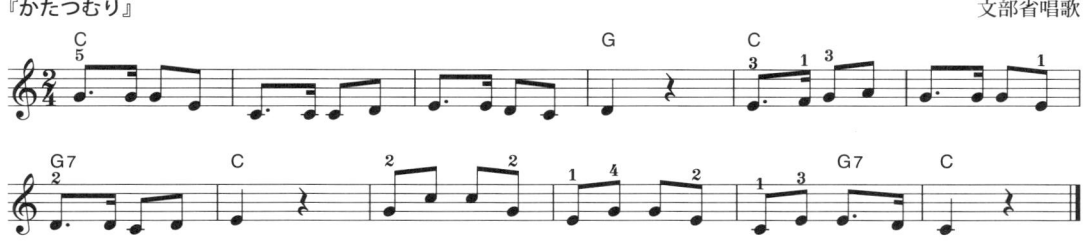

練習3

ステップ6　弱起

　拍子の1拍目を強拍（強い拍）、それ以外を弱拍（弱い拍）と呼びます。これに従って、1拍目から始まることを強起、それ以外から始まることを弱起といいます。

練習1
『ハッピー　バースデイ　トゥー　ユー』　　　　　　　　　　　M. J. ヒル／P. S. ヒル・作詞作曲

注10　ト長調の曲。トの音が主音（ド）になる調。したがって、伴奏付けの和音もト長調のカデンツとなる。

注11　弱起の場合、最初の小節の拍数が不足する。この拍数の足りない小節を不完全小節という。強拍を持たない最初の小節は、小節数に数えない。

注12　フェルマータ。この記号が音符（休符）につけられた場合、拍の流れを一時停止する。結果的にその音符（休符）の時間を延長することになる。

練習2

練習3

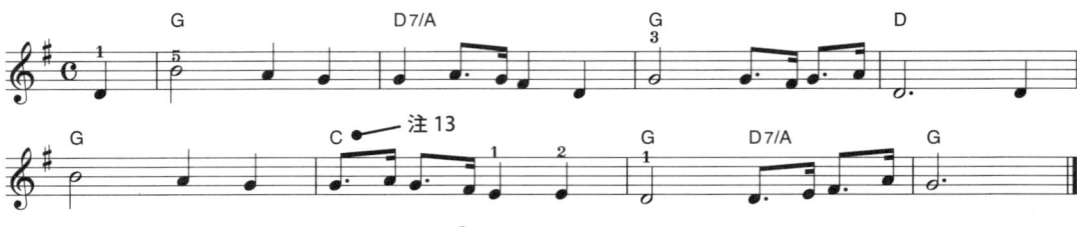

注13　ト長調のCコードです。

ステップ7　3連音符（3連符）

　3連音符は、ある音符を3分割したものです。3連音符で最も多く見かけるのが4分音符を3分割したものです。3連音符には、2分音符を3等分したものもあります。

練習1

『結婚行進曲』　　　　　　　　　　　　　　　　　　　　　　　　メンデルスゾーン・作曲

注14　♩は、省略した記譜法で ♫ のことです。

練習2

練習3

注15　2拍3連音符。音符の分割は次のように考える。

ステップ8　8分の6拍子

　8分の6拍子は、8分音符6つの6拍子ですが、演奏上は、8分音符3つを1つのまとまりと考え、それが2つある2拍子としてとらえます。

練習1

『ボートあそび』　　　　　　　　　　　　　　　　　　　　　　　　ライト・作曲

練習2

練習3

注16　G7/D のコード。

ステップ9　短調

　長調の音階は、「ドレミファソラシド」でした。短調の音階は、「ラシドレミファソ（♯）ラ」の音階でできています。これを短音階といいます。短調の響きを覚えてください。

練習1

『一週間』　　　　　　　　　　　　　　　　　　　　　　　　　　　　　　　　　　　ロシア民謡

注17　新しいコード。

練習2

『荒城の月』　　　　　　　　　　　　　　　　　　　　　　　　　　　　　　　　　　滝廉太郎・作曲

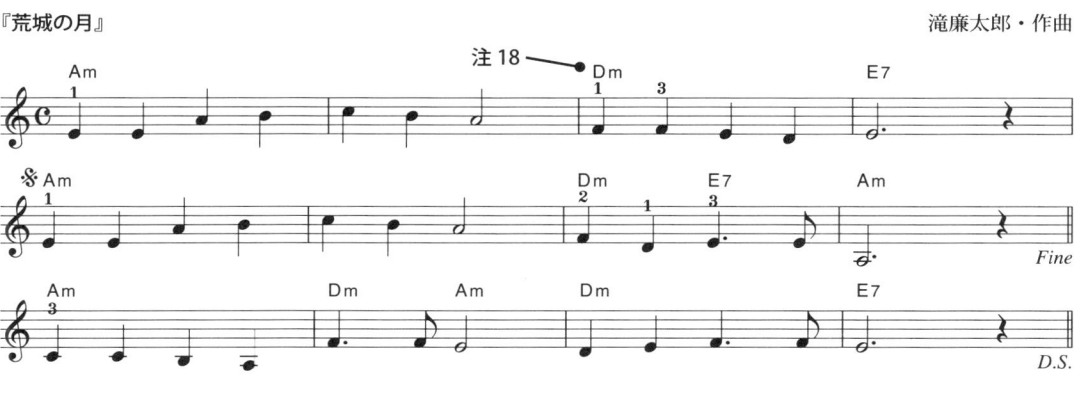

注18　新しいコード。

練習3

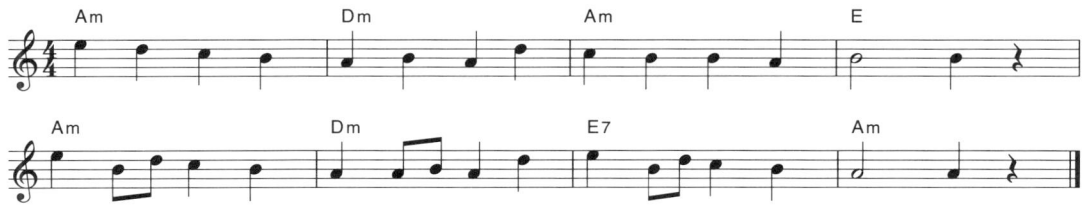

ステップ 10　総まとめ

音符（休符）、リズム、音の動き、調など、これまで練習した内容の総合課題です。

練習1

交響曲第5番『運命』第4楽章より　　　　　　　　　　　　　　ベートーヴェン・作曲

練習2

『もろびとこぞりて』　　　　　　　　　　　　　　　　　　　　賛美歌

練習3

注19　C₇/G のコード。

第3部　2部合唱のつくり方

　『夕焼小焼』を、初めは主旋律を斉唱で、次に2部合唱で歌ってみてください。斉唱よりも合唱のほうが、音の広がりがあって気持ちがいいですね。

　いろいろな曲を合唱できると、歌うことがとても楽しくなります。自分の好きな曲を自分で合唱に編曲できたら、どんなに素敵なことでしょう。「しかし合唱編曲は難しく、だれにでもできるものではない」というように考えていませんか。そんなことはありません。合唱編曲は、これから紹介するコツさえつかめば、だれでも手軽にできるのです。

『夕焼小焼』　　　　　　　　　　中村雨紅・作詞／草川信・作曲／上田豊・編曲

1 合唱とハーモニー

　合唱は、2部以上の異なる旋律を多人数で歌う演奏形態です。合唱で大切なのは、ハーモニーです。ハーモニー（harmony）とは、調和という意味です。美しいハーモニーについて考えてみましょう。

　高さの違う2音間の高低関係を音程といいます（第4章120ページ）。音程には、美しい響き（協和音程）とそうでないもの（不協和音程）があります。協和音程には、完全協和音程である完全1度、4度、5度、8度と、不完全協和音程と呼ばれる長・短3度、長・短6度があります。そのほかの音程、長・短2度、増4度、減5度、長・短7度などは不協和音程です。

　響きの美しさは、同時に響く音相互の音程に関係します。つまり、美しい響きの条件は、それらの音程関係が協和音程であることです。

　『夕焼小焼』の合唱パートを見てみましょう。そこで使われている音程は、ほとんどが長3度と短3度（譜例の合唱パートの上に縦書きで、それぞれ長3、短3と示す）です。他は、完全1度（同完1）が4回、短6度（同短6）が3回、完全5度（同完5）と長2度（同長2）が各2回、そして経過的に完全4度（同完4）が1回です。長3度、短3度、短6度は不完全協和音程です。完全協和音程は7回だけです。この例では、協和度が高い完全協和音程よりも不完全協和音程のほうが多く用いられています。それは、完全な協和音程よりも適度の濁りをもった不完全協和音程のほうが、現代人には美しく感じられるからです。

　そこで合唱編曲では、主旋律に対して、不完全協和音程である長・短3度、長・短6度の音程関係をもつ和声的な第二のパートを創作すれば、美しい響きが得られることになります。このパートは、旋律の上下どちらにもつけることが可能です。しかし、普通は、下側につけます。和声的な第二のパートが下にあるほうが、旋律音が目立つからです。

2 2部合唱のつくり方

　合唱で最もパート数の少ないのが、2部合唱です。『夕焼小焼』の分析から、2部合唱創作のためのマニュアルをつくってみました（譜例A）。これを「**ハモリ音**」と名づけました。

譜例A　ハ長調の「ハモリ音」

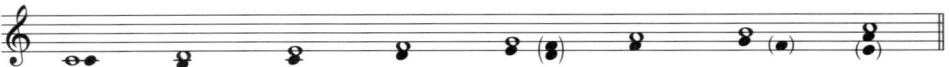

譜例Aの「ハモり音」は、その調の音階各音（白い音符）に対して、協和する音（黒い音符）を示したものです。ハモり音を使って合唱パートをつくるにあたって、次の3つの点に注意が必要です。

1. ソの音は、Ⅰ（ド・ミ・ソ）とⅤ（ソ・シ・レ）の2つの和音（第4章124ページ）に属するので、旋律に付された和音により、どちらかを選択します。

2. シの音は、V_7（ソ・シ・レ・ファ）の和音にも属するので、ファの音も選択できます。ソかファの選択は、歌いやすさや響きのよいほうを好みで採用します。また、ソーファと2つの音を旋律的に歌うこともできます。

3. ドの音は、Ⅰ（ド・ミ・ソ）とⅣ（ファ・ラ・ド）の2つの和音に属します。高いほうのドの場合、旋律に付された和音により、どちらかを選択します。

それでは、『トンボのめがね』でハモりのパートをつくってみましょう。
『トンボのめがね』（譜例B）の旋律音（大きく書かれた音符）は、「ドドミミ　レレドレ　ミミミソ　ソ　ラソソ」です。では、「ハモり音」を使って、これらの音に対応するハモりの音を見ていくと、旋律音がドの時はド、ミではド、レではシ……になります。このようにしてつくったものが、小さい音符で書かれた音群です。最後から3小節目の旋律音ソの「ハモり音」は、伴奏和音がV_7（ソシレファ）なので、ミではなくファになります。

それでは、譜例Bを歌ってみましょう。美しいハーモニーが響くことと思います。

譜例B　『とんぼのめがね』（2部合唱）　　　　　　　　　　　　　　　　額賀誠志・作詞／平井康三郎・作曲

ここでは、ハ長調の「ハモり音」を取り上げました。移調の知識があれば、ハ長調以外の曲も簡単に2部合唱に編曲することができます。しかし、初心者は、まずハ長調の曲の編曲をマスターしましょう。

課題
　ハ長調の「ハモり音」を使って、次の曲を2部合唱に編曲してみましょう。
『むすんでひらいて』『手をたたきましょう』『とけいの歌』『たきび』

第４部　いろいろな歌

みんなで歌おう　　見上げてごらん夜の星を

永　六輔　作詞
いずみたく　作曲
上田　豊　編曲

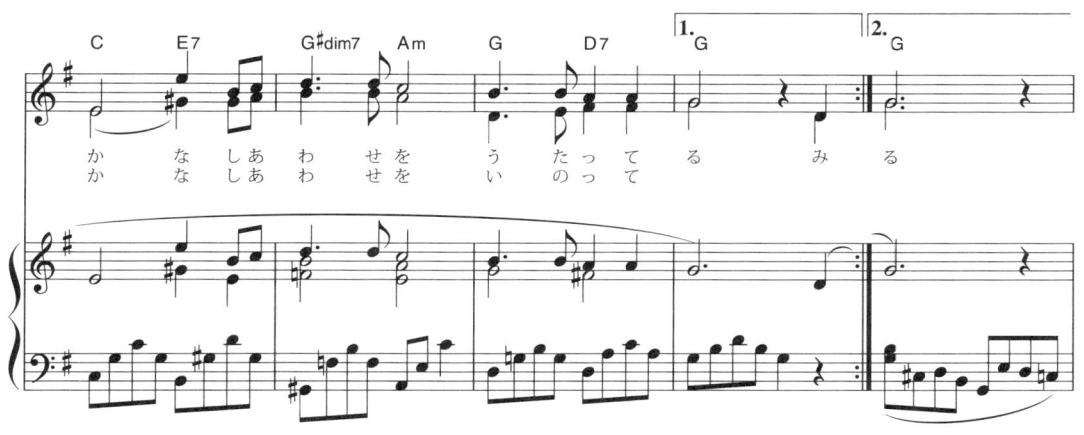

第1章 歌唱

みんなで歌おう

川はだれのもの？

みなみらんぼう 作詞
作曲
石原　眞治 編曲

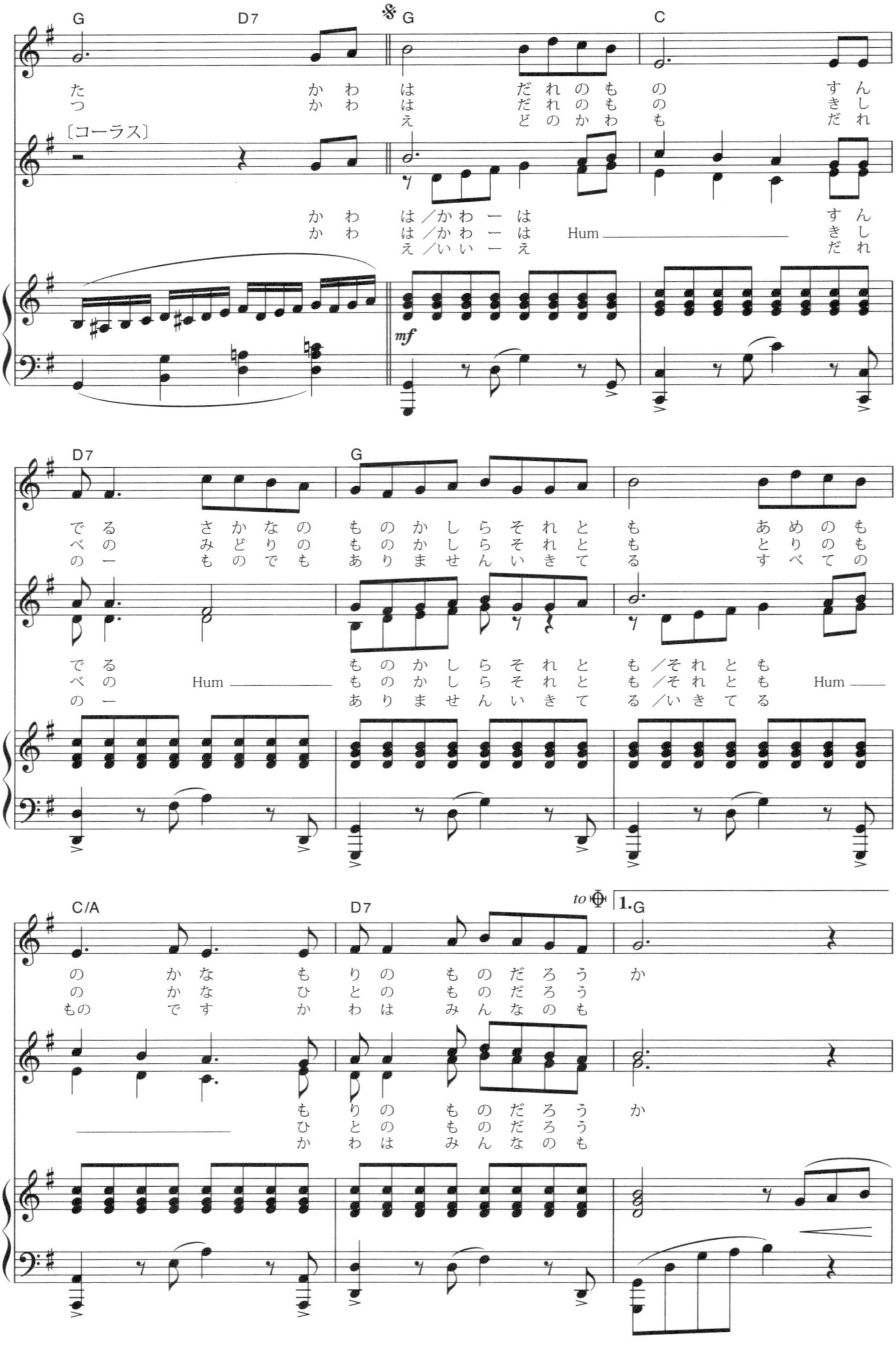

第 1 章 歌唱

さんぽ
（「となりのトトロ」より）

中川李枝子 作詞
久石　譲 作曲
富澤　裕 編曲

第 1 章　歌唱

Em7 Am7 Dm7 G7 C C7 A♭7
ラ ラ ラ ラ ラ ラ ラ ラ ラ
ラ ラララ ラ ラ ラララ ラ ラ
D♭ A♭7 D♭ B♭m E♭m7 A♭
あ る こう あ る こう わたしは ー げんき
あ ーー る こう わたし は げん き
G♭ Fm E♭m7 A♭7 D♭
あるくのーだいす き どんどんゆ こ う
あるくのー だいす き どんどんゆ こ う
G♭m D♭ G♭m6
き つね もー た ぬき もー で て お い

第1章 歌唱

ちいさい秋みつけた

みんなで歌おう

サトウハチロー 作詞
中田 喜直 作曲

第 1 章　歌唱

みんなで歌おう

大きな古時計

保富康午　訳詞
ワ ー ク　作曲
小林秀雄　編曲

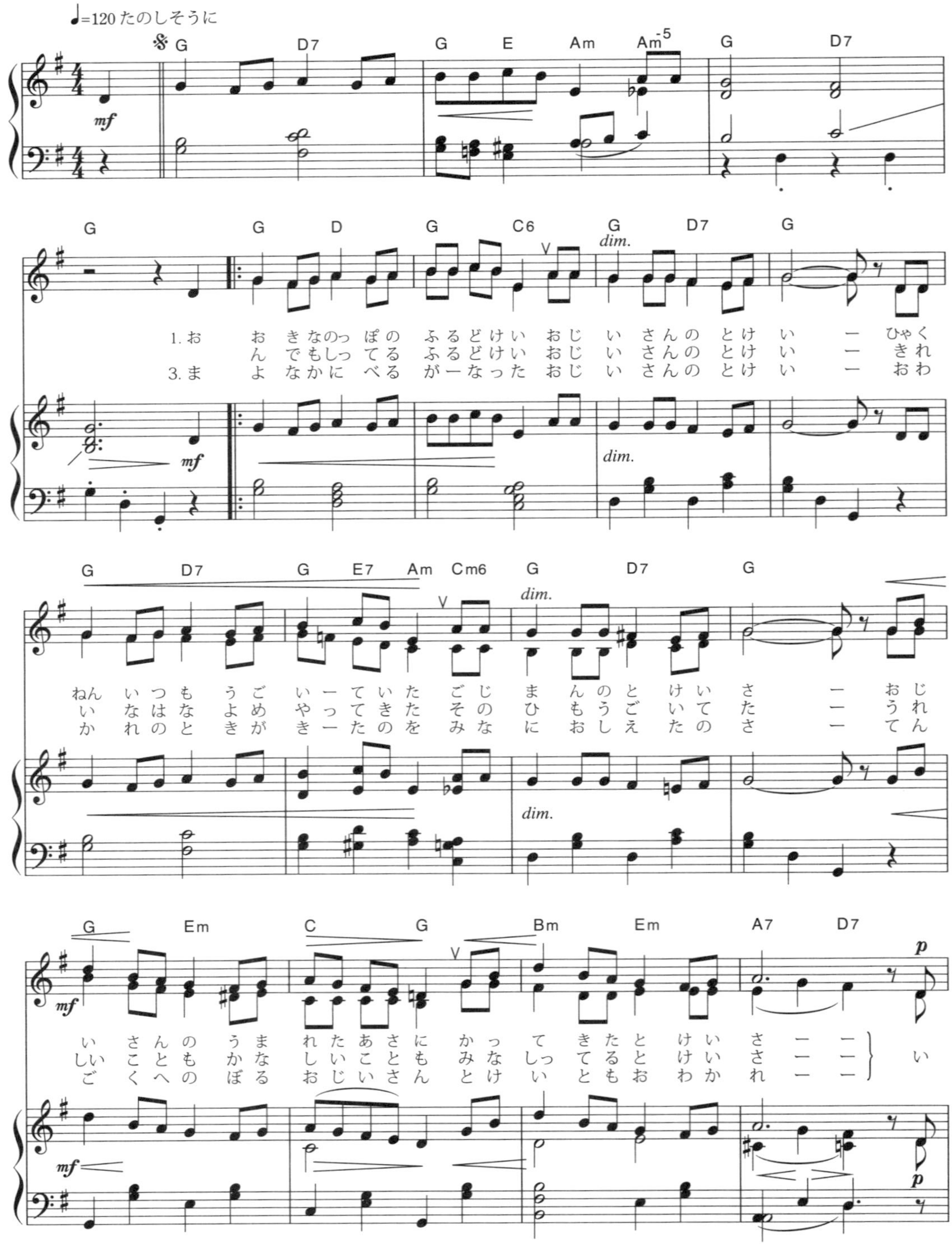

第１章　歌唱

みんなともだち　ずっとともだち

みんなで歌おう

中川ひろたか　作詞・作曲
上田　豊　編曲

第1章 歌唱

※1 友だちの名前を使って作詞をするとよい

mf E♭
A♭
※2 自由に作詞を
mf
mf
A♭
B♭7
E♭
B♭7 E♭
A♭
ともだち
みんな と ともだち
ともだち
A♭
ずっと ずっと ともだち
E♭
B♭7
1.
ずっと ずっと ー ともだち
がっこう いっても
おとなに なっても
ずっと とともだ
ずっと ずっと ともだち
がっこう いってもいっても
おとなに なってもなっても

第 1 章 歌唱

お空の色は何色かな

冬野あり 作詞
上田 豊 作曲

第 1 章　歌唱

54

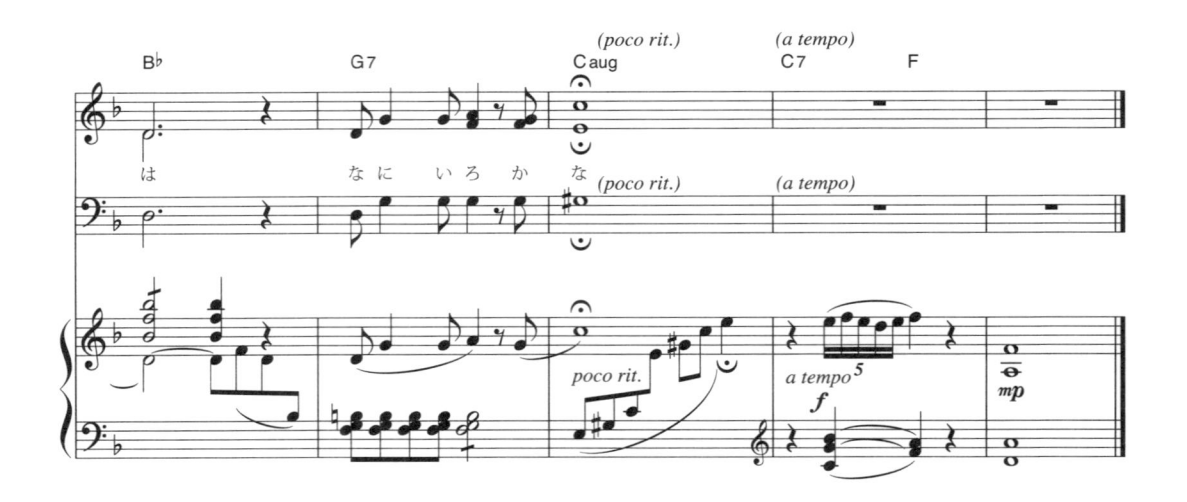

しゃぼん玉

日本の歌・唱歌

野口雨情 作詞
中山晋平 作曲
岡本 仁 編曲

1. しゃぼんだま とんだ やねまで とんだ やねまで とんで こわれて きえた
2. しゃぼんだま きえた とばずに きえた うまれて すぐに こわれて きえた

かぜかぜ ふくな しゃぼんだま とばそ

日本の歌・唱歌

赤とんぼ

三木露風　作詞
山田耕筰　作曲

1. ゆうやけ　こやけの　あかとんぼ　おわれて　みたのは　いつのひか
2. やまのはたけの　くわのみを　こかごに　つんだは　まぼろしか
3. じゅうごで　ねえやは　よめにゆき　おさとのたよりも　たえはてた
4. ゆうやけ　こやけの　あかとんぼ　とまっているよ　さおのさき

第1章 歌唱

日本の歌・唱歌

故郷

高野辰之 作詞
岡野貞一 作曲
冬木 透 編曲

1. うさぎ おいし かの やま
2. いかに います ちちはは

こぶな つりし かの かわ
つつがなし やかと ともがき

ゆーめは いーまも めーぐーりーてー
あーめに かーぜに つーけーてーもー

わすれ がたき ふるさと
おもい いずる ふるさと

おぼろ月夜

日本の歌・唱歌

高野辰之 作詞
岡野貞一 作曲
冬木 透 編曲

1. なのはなばたけーに いりひうすれ
   みわたすやまのはー かすみふかし
   はるかぜそよふく そらをみれば
   ゆうづきかかりて におい あわし

2. さとわのほかげも もりのいろも
   たなかのこみちを たどるひとも
   かわずのなくねも かねのおとも
   さながらかすめる おぼろづきよ

第1章 歌唱

季節・行事の歌
きょうからお友だち

サトウハチロー　作詞
佐々木　すぐる　作曲

楽しく ♩=84

1.2. きょうから みんな おとも だち
なかよし こよし で
ことりも どこか で

あそびま しょう たのしい うれしい ようちえ ん
(ほ　い　く　え　ん)
ないて ます さくらも ちらほら さいて ます

伴奏形の例

季節・行事の歌
おつかいありさん

関根栄一　作詞
團　伊玖磨　作曲

♩=92

1. あんまり いそいで こっつん こ　ありさんと ありさんと
2. あいたご めんよ そのひょう し　わすれた わすれた

こっつん こ
おつかいを　あっちいって ちょん ちょん こっちきて ちょん

伴奏形の例
（1）　（2）

季節・行事の歌

バスごっこ

香山美子 作詞
湯山 昭 作曲

1.～3. おおがたバス にのってます
きっぷをじゅんに わたしてね
いろんなとこが みえるので
だんだんみちが わるいので

おとなりへ ハイ／よこむいた ア／ごっつんこ ドン
おとなりへ ハイ／うえむいた ア／ごっつんこ ドン
おとなりへ ハイ／しもむいた ア／ごっつんこ ドン
おとなりへ ハイ／うしろむいた ア／ごっつんこ ドン

おわりのひとは ポケットに！
うしろのひとは ねーむった！
おしくらまんじゅ ギュッギュッギュッ！

(注) この形で弾く

伴奏形の例

季節・行事の歌

とけいの歌

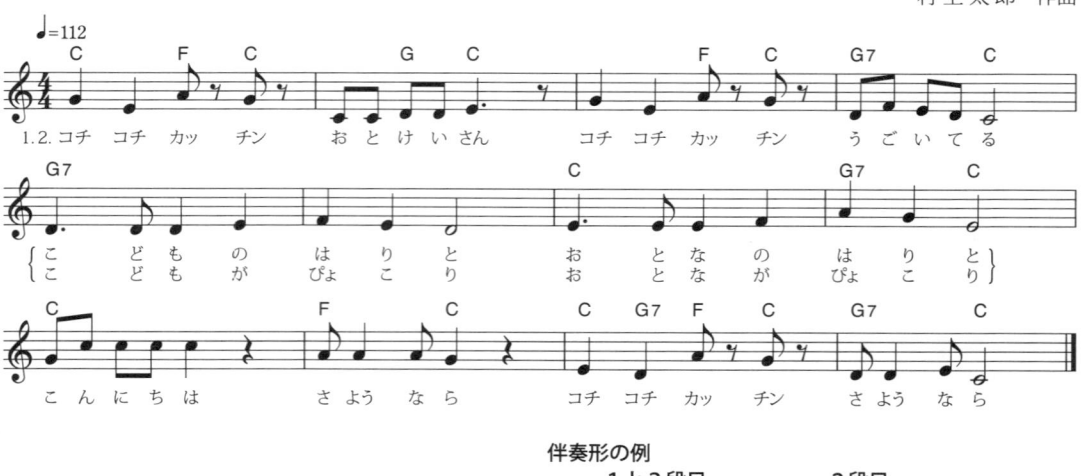

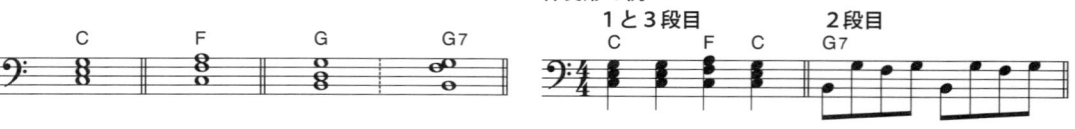

筒井敬介 作詞
村上太郎 作曲

1.2. コチ コチ カッ チン おとけいさん コチ コチ カッ チン うごいてる

こどもの はりと おとなの はりと
こどもが ぴょこり おとなが ぴょこり

こんにちは さようなら コチ コチ カッ チン さようなら

伴奏形の例
1と3段目　　2段目

第 1 章　歌唱

季節・行事の歌

雨ふりくまのこ

鶴見正夫　作詞
湯山　昭　作曲

1. おやまに あめが ふりました あとから あとから ふってきて ちょろちょろ おがわが できました
2. まずしい いしが ならんでた そこに くまのこ やってきて きしに こしかけ みてました
3. なかなか いしが ならんでた そこに くまのこ やってきて さかなが いるかと みてました
4. そおっと のぞいて みてました まちくたびれて ねちゃいました

※ 11 小節目

伴奏形の例

季節・行事の歌

はしるの　だいすき

まどみちお　作詞
佐藤　真　作曲

活発に ♩=138

1.2. はしるの だいすき タッ タタッ タタ
{ つちを けって くさを けって
  あしも はしる むねも はしる
  かぜを けって
  かおも はしる } タッ タタッ タタッ タタッ タ おもしろい

伴奏形の例

※右手メロディーのタッタ（♫）のリズムが難しければ、4分音符（♩）で弾くとよい

季節・行事の歌

とんでった バナナ

片岡　輝　作詞
桜井　順　作曲

1. バナナが いっぽん ありました あおい みなみの そらのした
2. ことりが いちわ おりました たのしい こかげの なかですます
3. きみは いったい だれなのさ ありの こバナナを つつきました
4. ワニが いっぴき おおあめで しろい バナナの きのやしら
5. ニッと バナナが ながれた しぶい ボコリン はやせんちょうさん
6. おふねが いっそう とおりました おヒゲの ボツル ツルつりさん

こども もらい ふたりで とりの やっき こにだまされて
おそこ がはだいで そのいちどすぎも バナナが ツルンルン とととんでった ただだたら バナねべヒナナ
どもり まをり ちょおひ るね いい きも バナナは ツルンルン とびこんだきしきき とんでた
あんグー まぐー おひ おどって にのりい バナナは ツルンルン とツポカン とと あけてた バババ

ナ は ど こ へ いったか な
も はな こ に ん たわ こ な
ら ちょま の なて や た りっ か
さ れうん ど てん ちゃ い い き
ナ にま ス て と いっ こ こ だ

1, 2, 3, 4, 5.
バ ナ ナン バ ナ ナン バ ナァ ナ

6.
モグ モグ モグ モグ たべちゃった たべちゃった たべちゃった

伴奏形の例

※10小節目以降はこのパターンで弾くとよい

第1章 歌唱

季節・行事の歌

お月さま

深尾須磨子 作詞
箕作 秋吉 作曲

1. まーるい まーるい おつきさま　あなたの おくには とおいのね
2. やさしい やさしい おつきさま　あなたの おそばへ いきたいね

ふねに のれば いけますか　ねーねー まーるい おつきさま
きしゃに のれば いけますか　ねーねー やさしい おつきさま

伴奏形の例

季節・行事の歌

まつぼっくり

広田 孝夫 作詞
小林つや江 作曲

まつぼっくりが あったとさ　たかい おやまに あったとさ
ころころ ころころ あったとさ　おさるが ひろって たべたとさ

伴奏形の例
（1）　（2）

※「ころころ～あったとさ」を（2）の形に変えると変化が出る

季節・行事の歌

たきび

巽 聖歌 作詞
渡辺 茂 作曲

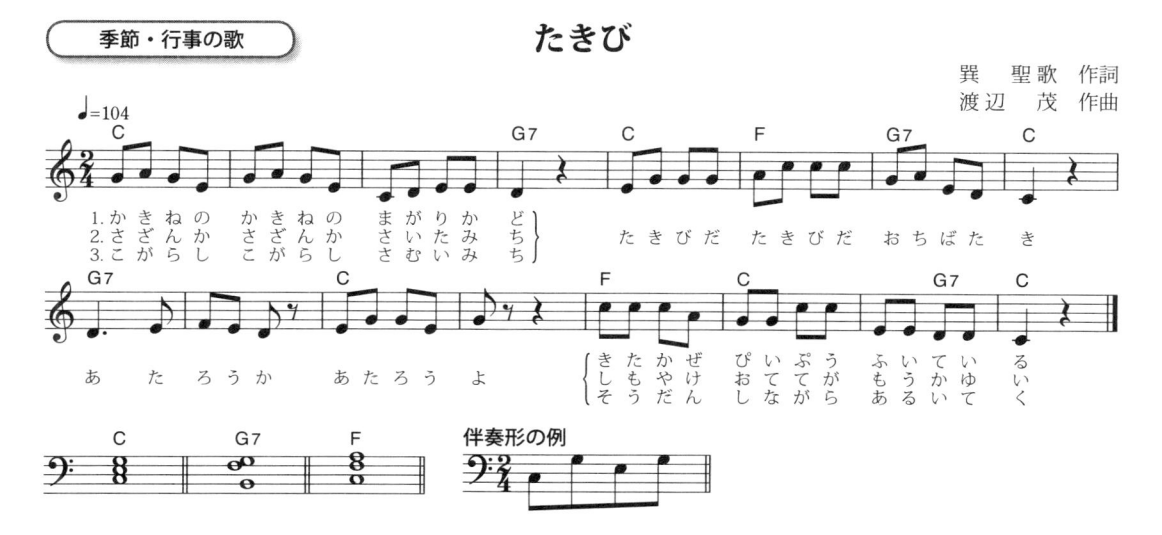

1. かきねの かきねの まがりかどこ
2. さざんかの さざんかの さいたみち
3. こがらし こがらし さむいみち

たきびだ たきびだ おちばたき
あたろうか あたろうよ

きたかぜ ぴいぷう ふいていく
しもやけ おてても もうかゆい
そうだんしながら あるいてく

伴奏形の例

63

季節・行事の歌 **あわてんぼうの　サンタクロース**

吉岡　治　作詞
小林亜星　作曲

1.～5. あわてんぼうのサンタクロー
ス
クリスマスまえに やってきた
えんまつかざりの すずならして
たいこならして おどりだす
リンリン リンリン チャチャチャ
ドンドン ドンドン チャチャチャ
シャラランシャララン チャチャチャ
おおきなふくろを おいてった
しかたがないから おどったよ
くろいおひげの おじいさん
リンリン リンリン チャチャチャ
ドンドン ドンドン チャチャチャ
シャラランシャララン チャチャチャ
れいぞうこの なかへ
よかったね おぼえちゃった
かおもまっかな おじいさん
ねつもさがって おやすみなさい
をとなになったら こどもたちに
— リンリン リンリン リンリン
— ドンドン ドンドン ドンドン
— シャララン シャララン シャララン
チャ チャ チャ チャ チャ チャ チャ チャ チャ
シャラランチャ ラン チャ シャラランチャ ラン ドンシャララン

( ) の音は省略してもよい

伴奏形の例

季節・行事の歌 **お正月**

東くめ　作詞
滝廉太郎　作曲

1.2. もう いくつねると おしょうがつ
おしょうがつには たこあげて
おしょうがつには まりついて
こまを一まわして あそびましょう
おいばねついて— あそびましょう
は や く— こいこい おしょうがつ

伴奏形の例

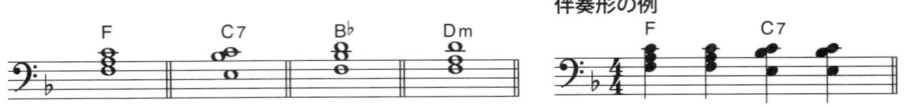

第 1 章　歌唱

季節・行事の歌

ゆき

文部省唱歌

♩=92

1.2. ゆーきやこんこ　あられやこんこ
ふってはふってもふってはふっても　ずんずんずまだふり　つやもやまるぬ
やいーまもものはよろこびにわかけまわり
かねこはこたつずではまなるがさなくる

伴奏形の例
（1）1、3段目
（2）2、4段目

季節・行事の歌

うれしいひなまつり

サトウハチロー　作詞
河村　光陽　作曲

♩=69

1. あかりをつけましょぼんぼりににまをあげてはなをあげましょもものはなおねがおすしゃ
2. おだいんりのさびようきかさまおひなるさまきょーはたのしいひなまつり
3. きーものをきかえておびしめてけふははれましたうれしいひなまつり
4. きーものをきかえてきょうはたのしいひなまつり

伴奏形の例

季節・行事の歌

思い出のアルバム

増子とし 作詞
本多鉄磨 作曲

伴奏形の例

季節・行事の歌

一ねんせいになったら

まどみちお 作詞
山本　直純 作曲

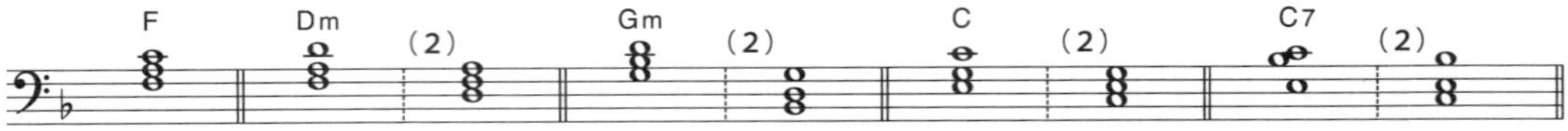

伴奏形の例

第2章　器楽

はじめに

　これまでに、歌うことを学んできました。ここでは器楽、特に歌の伴奏で用いられる器楽について学びます。

　歌の中には、わらべうたや遊び歌のように、伴奏を必要としない曲もあります。また、上手に歌うことができれば、伴奏は必要でないかもしれません。しかし、何か楽器を加えると、曲に厚みができます。

　〈子どもの歌〉の本を開くと、ピアノ伴奏付きのものをよく目にします。伴奏楽器にもいろいろありますが、ここではピアノを用います。保育の現場でも、ピアノが主に用いられているのが現状です。しかしながら、初めてピアノに触れる人も多いのではないでしょうか。作曲家が書いたオリジナルの伴奏譜を弾くことができれば、それにこしたことはありません。しかし、思うようにいかない場合もあるでしょう。そして伴奏を弾きながら歌を歌う弾き歌いは、非常に難しいことです。そのために、子どもたちにいちばん伝えなくてはいけない歌が、おろそかになってしまっては本末転倒です。

　この章では、コードネームを用いた簡単な伴奏で弾き歌いができるようになることを目指します。それに加え、いろいろな場面で展開できるように、拍子を変えるなどしてリズム表現に応用する方法にも触れます。自分に合ったところから始めましょう。

1 はじめてのピアノ

（1）ピアノを弾く前に

□知っていますか？　ト音記号とヘ音記号

楽譜を見ると 𝄞 ト音記号と 𝄢 ヘ音記号を見かけます。次の譜例に書いてある音符は、どちらも「ド」の位置を示します。

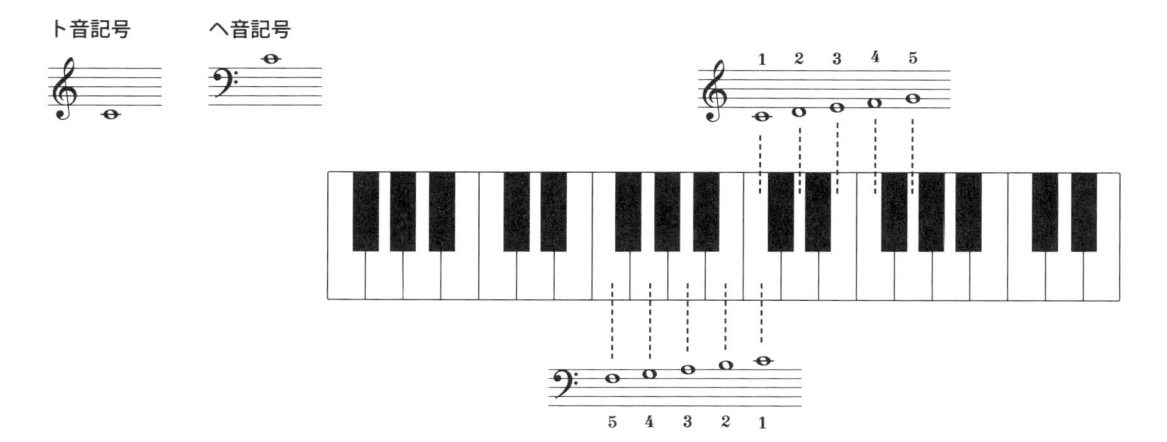

ト音記号　　ヘ音記号

□指番号を覚えよう

ピアノを弾くには、指番号という便利なものがあります。覚えてください。親指から「1、2、3、4、5」といい、右手も左手も同じです。

ピアノを開けて、実際に音を出してみましょう。

右手　ドレミファソラシドレミファソラシド
左手

（2）さあ、ピアノに触れてみよう！

　まずは、真ん中の「ド」から上下1オクターヴの範囲で練習します。ピアノを弾くには、階名、指番号を覚えることと、もう1つ大切なことがあります。手の形です。手を握って鍵盤の上に置き、半分ほど広げると指先が鍵盤に触れます。この形を保ってください。

　では説明にしたがって弾いてみましょう。

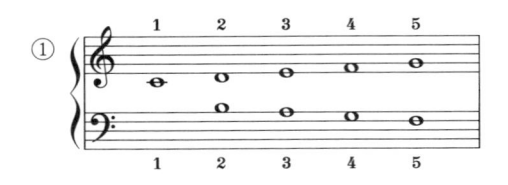

①
- 中央ドのポジションを探しましょう。
- 右手で1〜5（ド〜ソ）を全音符で弾きましょう。
- 左手で1〜5（ド〜ファ）を全音符で弾きましょう。
- 両手で1〜5を全音符で弾きましょう。

②
- 右手でド〜ソまでを左記のリズム（a）で弾きましょう。
- 終わりにソファミレ（b）を付け加えてください。

③
- 左手ソを4の指で全音符で弾きましょう。

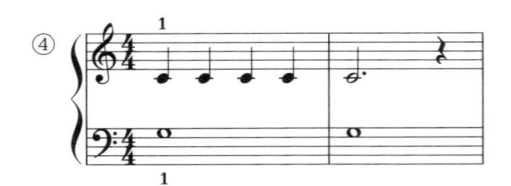

④
- 右手で②を弾き、左手で③を1の指で弾きましょう（左手の位置が変わります）。

⑤
- 右手で②を弾き、左手を2音による和音で弾きましょう（右手が②aのド、ミ、ソの時はCを、レ、ファの時はGを、②bの時はG〈ソファミレ〉—C〈ド〉と弾きます）。

⑥
- 右手で②を弾き、左手で三和音を弾きましょう（左手の和音付けは2音による和音の場合と同じ）。

第 2 章　器楽

⑦

・②aの2小節目（付点2分音符）を左のように変えてみましょう。ド、レ、ミまでは左記のとおりですが、ファ、ソの時には、音形をソ、ファ、ミ、ファと変えます。すると下の譜例のように『ひげじいさん』の曲になります。

⑧

・左手の伴奏形を変えてください。

『ひげじいさん』　　　　　　　　　　　　　　　　　　　　　　　　作者不詳

音符の上の数字は、右手の指番号です。5つしか音を使用していない場合は簡単ですが、最後の小節にシ、ラが出てきます。1の指を乗り越えて2の指でシを弾くとうまくできます。

次は『かえるの合唱』で練習してみましょう。この曲はド〜ラまで6つの音があります。3小節目のミの音を2の指で弾いてください。5小節目のドは1の指で弾きます。

『かえるの合唱』　　　　　　　　　　　　　　　　　　　　　　　　ドイツ曲

以上、ピアノを弾くには、「階名」「指使い」が大切となります。いろいろな曲で練習してみるといいでしょう。

今まで何曲か弾いてきましたが、右手で弾く旋律音は多彩です。多彩な音の動きに対応できるようにいろいろな指使いを覚えていると便利です。次ページに示した例題曲にはポイントとなる指使いが含まれています。その部分を繰り返し練習しましょう。

『はるがきた』 文部省唱歌／岡野貞一・作曲

『どんぐり ころころ』 梁田貞・作曲

2 弾き歌いにチャレンジ

（1）ハ長調（C dur）入門——『むすんでひらいて』

「さあ、ピアノに触れてみよう！」ではどうでしたか。いつのまにか『ひげじいさん』が弾けるようになっていたと思います。

では次に楽譜を読んで、コードネームを見ながら弾き歌いができるようにしていきましょう。最初は次の曲です。『むすんでひらいて』は皆さんも知っている曲だと思います。一度歌ってみましょう。

『むすんでひらいて』 文部省唱歌／ルソー・作曲

☐ 右手の練習

最初は右手の練習から始めます。

この曲ではドからラまで、6つの音が使われています。ラが出てくる11、15小節目がポイントになります。「〜ソソラララソー」とソもラも5の指で弾いたらよさそうな気がするかもしれませんが、それでは音がプツプツ切れてしまうので歌いにくそうです。そこで、9小節目のミを3ではなく2の指で弾くと、この問題を解決することができます。この楽譜には指番号が書かれているので、それを見て弾きます。

もし楽譜に指番号が書かれていない場合には、全体をよく見てフレーズの切れ目で指を置き換えてみたり、途中で指をくぐらせたり、指を越えたり、工夫してください。特に右手の指使いはとても大切なので、注意してください。

右手が弾けるようになったら、右手を弾きながらもう一度歌ってみましょう。

☐ 左手の練習

さあ、いよいよ左手です。

まず最初にコードネーム（第4章125ページ）を確認してみましょう。『むすんでひらいて』に出てくるコードネームはC・F・G・G₇です。次にそれらの基本形を示しました。

① 根音による伴奏

左手の人指し指でコードネームの根音（第4章123ページ）を探して弾いてみましょう。

探したコードネームの根音を左手の5、2、1の指で弾けるようにしましょう。それができたら右手のメロディーといっしょに合わせてみましょう。

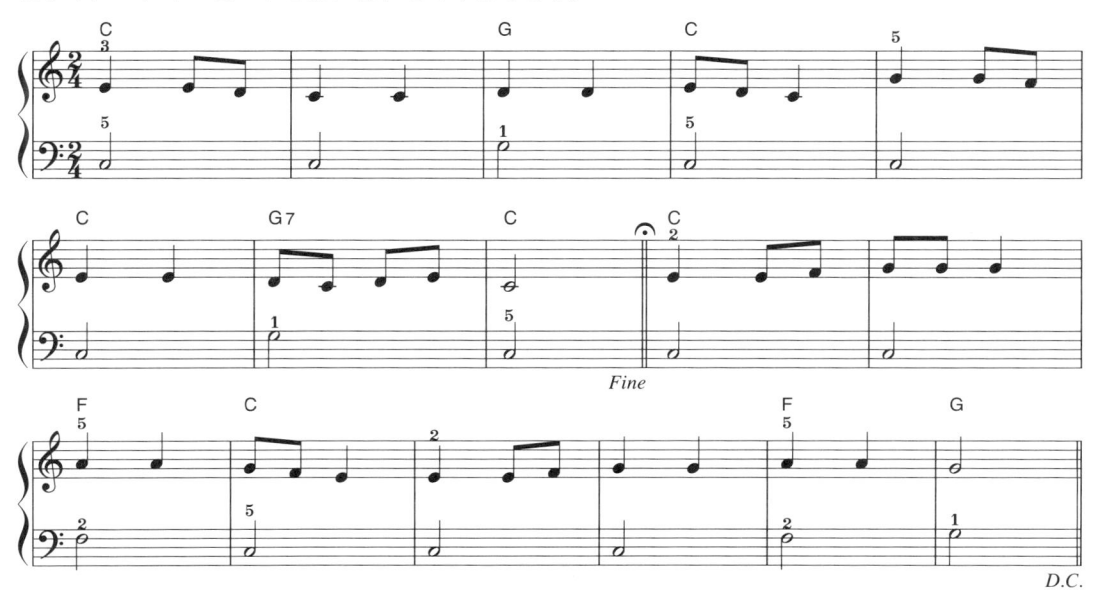

② 三和音による伴奏

　それではいよいよ三和音を押さえてみましょう。ここでは最初に書いた基本形のコードではなく、弾きやすい転回形も用いています。それぞれのコードを押さえることができるようになったら、拍子に合わせて連続して弾けるように練習しましょう。コードがスムーズに弾けるようになったら、いよいよ右手のメロディーと合わせます。

　それぞれ①、②のどちらで弾いてもりっぱな伴奏になります。もう少し左手が動いてもだいじょうぶだなと思った人は、左手を4分音符にしてみてください。マーチのように聞こえてきませんか。

（2）ハ長調（C dur）──『とんぼのめがね』

　では次の曲に入ります。少し右手が難しくなりますが、『とんぼのめがね』に挑戦してみましょう。

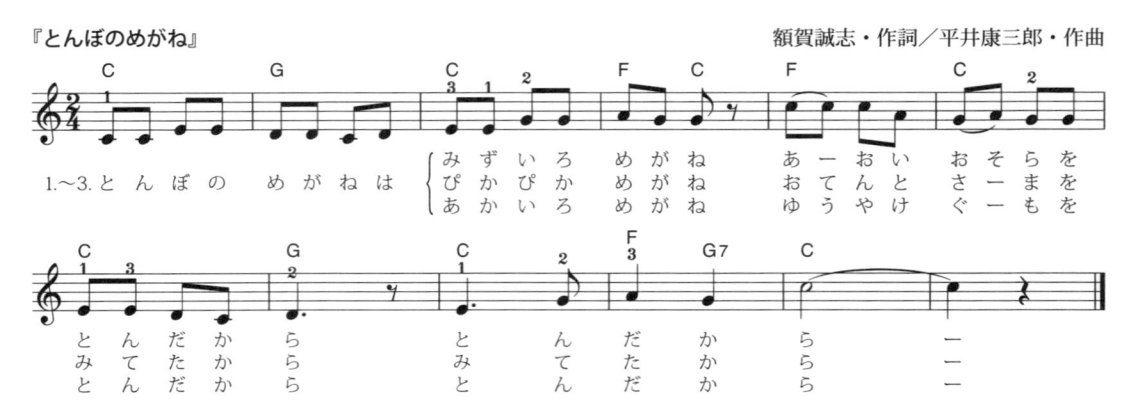

『とんぼのめがね』　　　　　　　　　　　　　　　　　　　　　　　額賀誠志・作詞／平井康三郎・作曲

第 2 章　器楽

□右手の練習

　今度の曲は旋律の音域がドから高いドまであります。これは絶対にどこかで指使いを考えなくてはいけないようです。

　ハ長調の音階を右手で弾く時には、ドレミを１－２－３と弾いたあとに、１の親指をくぐらせてファを弾きます。しかしこの曲にはファの音がありません。またミからソの音を３－１と弾くのはとても難しいですね。

　そこで、楽譜に書かれているように、ミミと連続しているところを３－１と弾いてみましょう。次にスムーズに続けられると思います。音が下降していく時はその反対の指使いにしてみてください。

　右手が弾けるようになったら、右手を弾きながら歌ってみましょう。これからもいろいろな曲が出てきますが、右手が弾けるようになったら必ず一緒に歌ってみましょう。

□左手の練習

　左手は最初の曲と同じハ長調で、使われているコードも同じなので、同じように練習をしてみてください。

① 根音による伴奏

② 三和音による伴奏

それぞれ①、②どちらで弾いてもりっぱな伴奏になります。

　もう少し左手が動いても大丈夫だなと思う人は、伴奏の音形を考えてみましょう。いろいろなパターンが考えられます。『とんぼのめがね』では、次に示したような音形はどうでしょう。

　ほかにもいろいろなパターンの例をあげておきます。また1曲の中でパターンを変えていくことも可能です。でもその時は形式や曲想を考えて決めてください。

　案外、コードを押さえるよりも簡単な場合もあります。

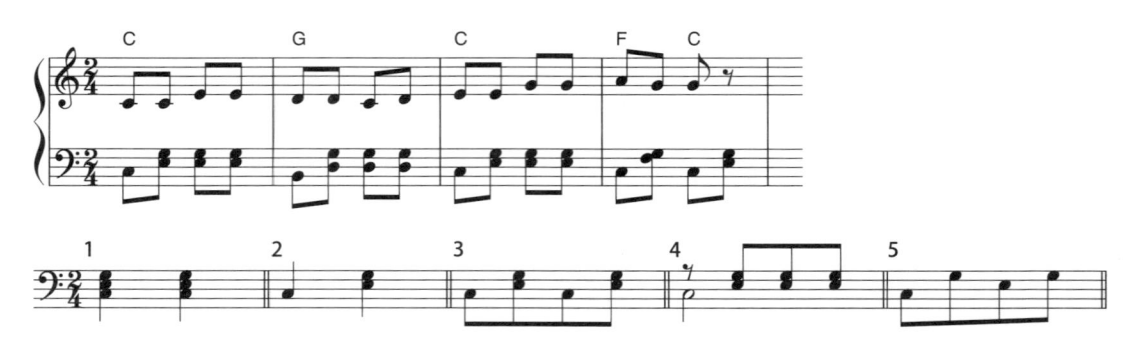

　上の例は、4分の2拍子の場合です。もし曲が4分の4拍子になっていたら、上の音形を2回繰り返したり、次のような音形も考えられます。

（3）ト長調（G dur）——『ふしぎなポケット』

『ふしぎなポケット』　　　　　　　　　　まどみちお・作詞／渡辺茂・作曲

1. ポケットの なかには ビスケットが ひとつ
2. もひとつ たたくと ビスケットは みっつ

ポケットを たたくと ビスケットは ふたつ
たたいて みるたび ビスケットは ふえる

そんな ふしぎな ポケットが ほしい

そんな ふしぎな ポケットが ほしい

〔伴奏パターン〕

今まではすべてハ長調、C dur の曲ばかりでしたが、最後にほかの調の曲にチャレンジしてみましょう。『ふしぎなポケット』はト長調、G dur の曲です。ト長調の音階とカデンツは次のようになります。

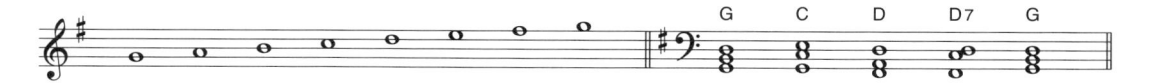

伴奏付けは今までのやり方と同じです。まずは根音を探して根音だけの伴奏で弾いてみましょう。そのあとカデンツを弾いてみてください。G や C のコードを弾く時には、ハ長調の時とト長調の時とでは音の並び方が違っているので気をつけてください。

また、音が合っているのに変な響きになってしまった時には、この曲がト長調だったことを思い出してください。ファの音に♯をつけることを忘れていないか確かめましょう。

（4）ヘ長調（F dur）──『たなばたさま』

『たなばたさま』　　　　　　　　　　　　　　　　　　権藤花代、林柳波・作詩／下総皖一・作曲

〔伴奏パターン〕

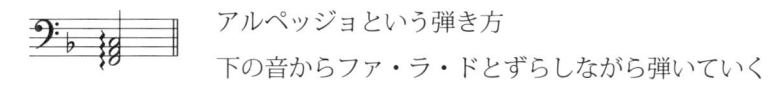

アルペッジョという弾き方
下の音からファ・ラ・ドとずらしながら弾いていく

〔ヘ長調の音階とカデンツ〕

ヘ長調の時もシの音に♭がつくことを忘れないようにして弾いてみてください。

カデンツの練習をする時は、左手の小指が音階の主音の位置にくるようにしましょう。するとどの調を弾いても手の形（ハンドフォーム）が変わりません。このカデンツのハンドフォームを早く覚えてください。どんな調でもずいぶん弾きやすくなることと思います。

3 両手伴奏にチャレンジ

それでは、これから新しい伴奏スタイルに挑戦してみましょう。

今まで練習してきた方法は「片手伴奏」、すなわち右手でメロディー、左手で伴奏を弾く形でした。次は、「両手伴奏」です。「両手伴奏」では、右手で和音を、左手はベース音を弾きます。メロディーは、伴奏者自らが歌います。

では、両手伴奏の例をあげてみましょう。この曲は、前項でも取り上げた、皆さんがよく知っている『とんぼのめがね』です。

『とんぼのめがね』　　　　　　　　　　　　　　　　　　　　　額賀誠志・作詞／平井康三郎・作曲

この曲の伴奏は、左手は各コードのベース音（根音）を、右手は三和音の基本形あるいは転回形を演奏する両手伴奏の形になっています。

そこで、コード進行にそって両手で伴奏する音を弾いてみましょう。

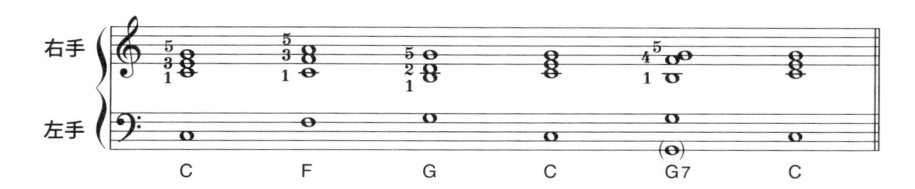

これから両手伴奏の例を拍子別にいくつかあげていくので、弾いてみましょう。

(1) 4分の4拍子

まず、4拍子の曲からです。4分の4拍子とは、1小節内に4分音符が4個（♩ ♩ ♩ ♩）ある拍子のことです。

左手と右手を使った両手伴奏の基本パターンは、音符や休符の配列によって次のようなパターンが考えられます。

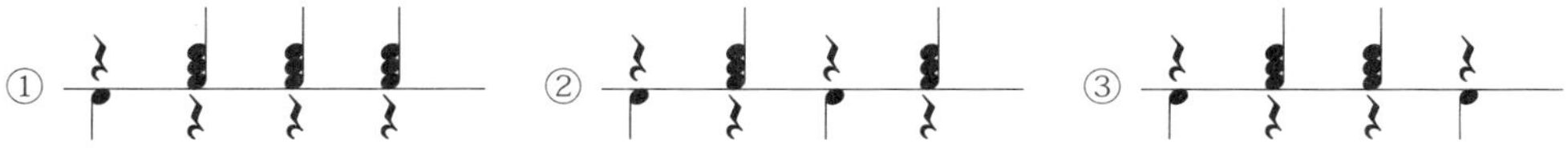

このような両手伴奏の基本パターンを基に、右手の伴奏形には2つのパターンがあります。「和音を弾く方法」と「アルペッジョ（和音を分散する）を弾く方法」です。

A. 和音を弾く方法

まず、左手で根音だけを弾き、右手で和音を弾いてみましょう。

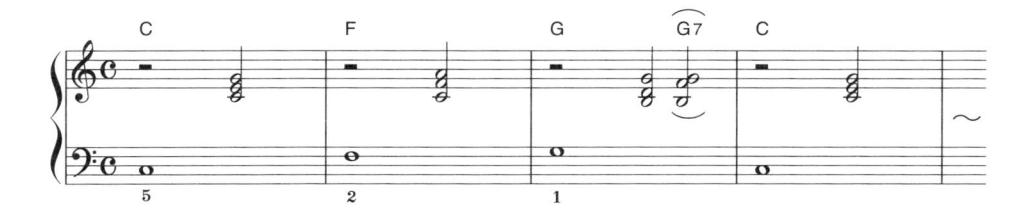

次に右手のリズムを変えてみましょう。

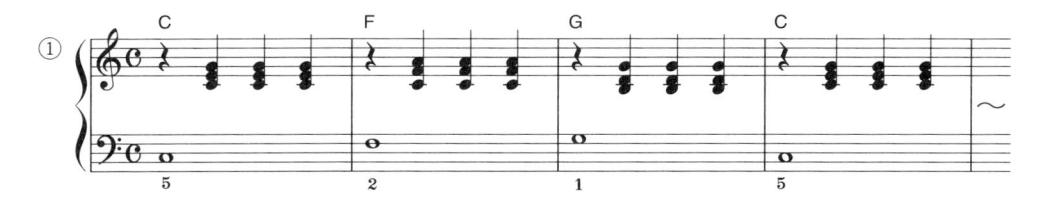

左手のリズムも変えてみましょう。

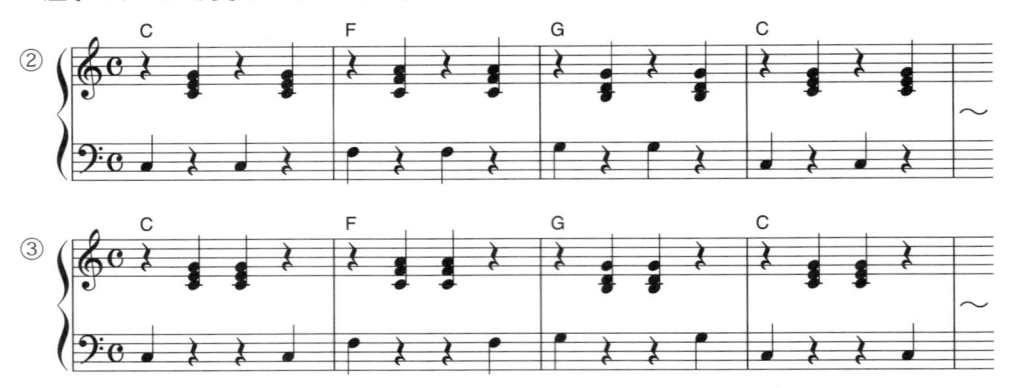

B．アルペッジョ（分散和音）を弾く方法

B 基本形

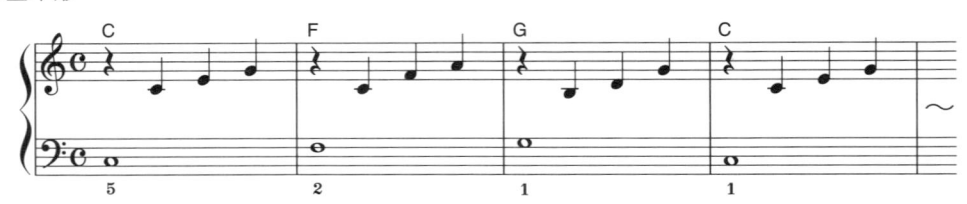

B 転回形

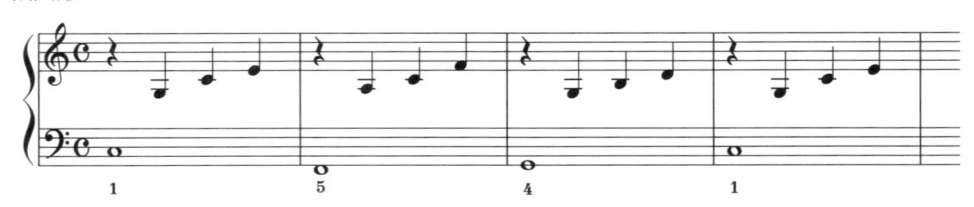

　B 基本形と B 転回形では、左手のドの音は親指で弾いたり、小指で弾いたりと弾く位置が変わり曲の雰囲気も随分と変わったことに気がつきましたか。

　それでは、次に『手をたたきましょう』（原調はニ長調）の曲で練習してみましょう。まず、メロディーをしっかり歌う練習をしましょう。

『手をたたきましょう』　　　　　　　　　　　　　　　　　　　　　　小林純一・作詞／作曲者不詳

て　を－た　た－き　ま－しょ　　たん　たん たん　　たん　たん たん　　あ　し－ぶ みー

し　まーしょ　　たん　たん たん たん　　たん　たん たん　　わ らい ま しょ　あっ は っ は っ

わ らい ま しょ　あっ は っ は っ　　あっ は っ は っ　　あっ は っ は っ　　あ あ お も　　し ろ い

第 2 章　器楽

　それでは、例として A の 3 パターン、B の 2 パターンを 4 小節ずつあげていますから、コードを確認しながら弾いてみましょう。

A ①

A ②

A ③

B 基本形

B 転回形

　さて、どの伴奏が最もふさわしいと思いましたか。

（2） 4分の2拍子

次に、2拍子の曲のパターンを考えてみましょう。4分の2拍子は、1小節内に4分音符が2個（♩ ♩）ある拍子のことです。

4分の4拍子のパターン（79ページ）を2拍子に変えてみましょう。2分音符と4分音符、4分休符の組み合わせから4分音符と8分音符、8分休符の組合わせに変えたパターンをいくつかあげてみました。

4分の2拍子で書かれた曲には、『きらきら星』『トンボのめがね』『むすんでひらいて』『大きな栗の木の下で』などたくさんの曲があります。得意な曲に挑戦してみましょう。

ここでは、『むすんでひらいて』を両手伴奏で弾いてみましょう。

① 『むすんでひらいて』　　　　　　　　　　　　　　　文部省唱歌／ルソー・作曲

弾けるようになりましたか。
②③④のパターンの伴奏にも挑戦してみましょう。

（3） 4分の3拍子

それでは最後に3拍子のパターンを考えてみましょう。

4分の3拍子は1小節内に4分音符が3個（ ♩ ♩ ♩ ）ある拍子のことです。今までに弾いてきた4拍子や2拍子のパターンを参考にして考えてみましょう。

次の楽譜は『気のいいあひる』という曲の最初の8小節です。この譜例では、伴奏形①の例が示されています。弾けるようになったら、②、③の形にも挑戦してみましょう。

『気のいいあひる』　　　　　　　　　　　　　　　　　　　　　　　　　　ボヘミア民謡

さて、ここまで4拍子の曲ではハ長調の『手をたたきましょう』を、2拍子では『むすんでひらいて』（原曲はニ長調）、3拍子では『気のいいあひる』（原調はヘ長調）を、基本のハ長調に変えて取りあげてきました。

そこで、ハ長調だけではなく♯系♭系のいろいろな調性の曲にも挑戦していきましょう。

ハ長調で最もよく使うコード（C、G、G7、Fなど）をしっかり覚え、和音進行の基礎知識を理解して1曲でも多くの曲を練習しましょう。調性の違いによる派生音（♯・♭）はあまり意識せず、まずは模倣から、「習うより慣れろ」です。

これらの伴奏のパターンを繰り返し練習することにより、片手伴奏と両手伴奏を組み合わせて弾くことの楽しさに気づき、個性あふれる面白いオリジナル伴奏をつくってみましょう。

わからないコードが出てきたら、138ページのコード一覧を見て和音を探してみてください。

4 動きを伴う曲にチャレンジ

（1）動きを伴う曲って？

　メロディーに付けられているコードネームを見て、片手伴奏や両手伴奏など、自分に合った伴奏を見つけて弾けるようになりましたか？

　コードネームや伴奏付けに慣れてきたら、動きを伴う曲にチャレンジしてみましょう。ここでいう動きとは、歩く、走る、踊る、スキップする、回る、のことです。

　では最初に、譜例1、2を弾いてみてください。

譜例1　『こびとのこうしん』　　　　　　　　　　　　　　　　　　　　　涌井曄子・作曲

譜例2　『かけあしマーチ』　　　　　　　　　　　　　　　　　　　　　　一宮道子・作曲

　どうですか？　それぞれの曲から何かの動きが感じられましたか？　動きを足で表現するなら、いちばん自然な動きは歩くことではないでしょうか。足を左右交互に前に出して歩いてみてくださ

い。左、右、左、右……1、2、1、2、……。「歩く」という動きに合わせようと思ったら、譜例1がぴったり合う感じがしませんか？　譜例2ではその動きが細かくなり、走っている感じがします。

　それでは次に譜例3、4を弾いてみてください。

譜例3　『きらきら星』（原曲）　　　　　　　　　　　　　　　　　　　　　　　　フランス民謡

譜例4　『きらきら星』（3拍子）

　譜例3はよく知られている『きらきら星』の原曲ですが、譜例4では同じ曲を4分の3拍子にしています。拍子を変えたことによって雰囲気が違って感じられますが、動きについてはどうでしょう。
　伴奏がついている譜例1、2と比べてみると、動きの違いをはっきり表現するには、右手メロディーだけではなく、左手に伴奏がついていたほうがよさそうです。
　このようにみると、拍子やメロディーのリズム、左手の伴奏が動きの表現に関係していることがわかります。
　子どもたちの表現活動には、歩く、走る、スキップする、踊るといった動きがあれば、風のような自然界における事象を表現したり、乗り物や動物などの動きを模倣するといったこともあります。そのような時、音楽が加われば、具体的な表現活動のイメージが広がりを見せてくれます。ピアノ伴奏は、弾き歌いだけではなく、子どもたちのそのような身体表現活動を援助する場面にも使うことができるのです。

（2）代表的なリズムづくり

　『きらきら星』を使って、拍子、リズムを変化させながら、代表的なリズムづくりにチャレンジしてみましょう。

① 歩く（行進曲）

　もう一度譜例3『きらきら星』を見てください。4分の2拍子で書かれていますね。そして、ここで使われているのはC、F、Gの3つのコードです。これまで練習してきたこれらのコードポジションを基本に使いながら伴奏をつけてみましょう。

　1、2、1、2……拍子を意識して伴奏パターンを考えていくと、「歩く」リズムがいっそう強く感じられるようになります。歩く（行進曲）リズムの場合、4分の2拍子あるいは4分の4拍子を使います（拍子については119ページの「リズム・拍・拍子」を参考にしてください）。また、G_7のコードも使ってみましょう。

〔コード進行〕

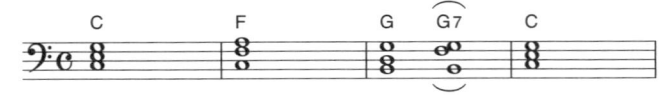

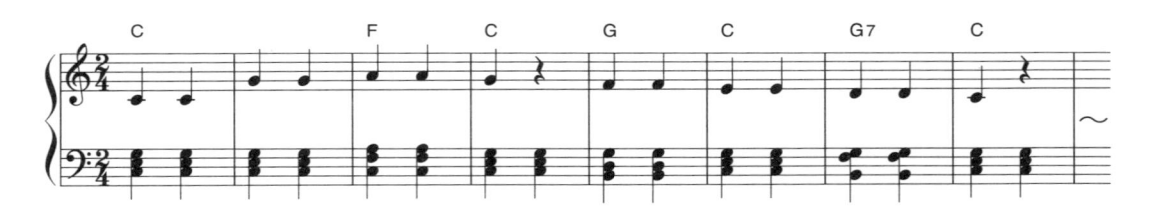

〔伴奏パターン〕

② 走る

「走る」にはさまざまな場面での走りがあります。時間に遅れそうになった時の走り、一気にエネルギーを爆発させる運動会でのかけっこ、鬼ごっこで一生懸命逃げていく走り、広い野原で風を感じながら走り回る軽やかな走りなど、その時の状況や気持ちによって走る速さや様子が違ってきます。

譜例以外にもいろいろな走りを工夫してみましょう。

〔伴奏パターン〕

③ 踊る（3拍子）

譜例4『きらきら星』では拍子が4分の3拍子に変えられていましたね。ここでは踊りの代表としてワルツ、すなわち3拍子を例にしています。原曲より各小節で1拍ずつ増えているため、少しゆったりした感じになります。ここではゆったりと輪を描くような感じの伴奏形をつけてみました。

3拍子を感じさせるほかの伴奏パターンにもチャレンジしてみましょう。

④ スキップする

譜例を見てください。拍子が8分の6拍子になっていますね。スキップは付点8分音符と16分音符の組み合わせ（ ♪♫ ）で表されるのでは？　と思ったかもしれませんが、譜例のように8分の6拍子のほうがスキップのリズムをより正確に表現できるようです。短めに弾いた感じで弾いてみてください。

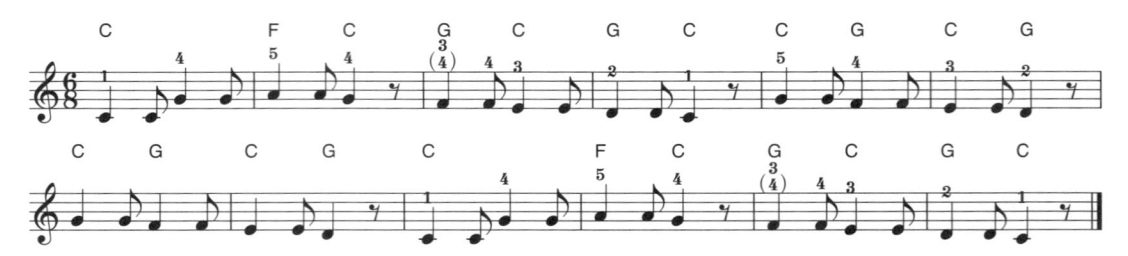

伴奏をつける時、伴奏形のリズムは譜例のように2拍子系のパターンを考えることがポイントです。そして伴奏も弾んだ感じで演奏してみましょう。

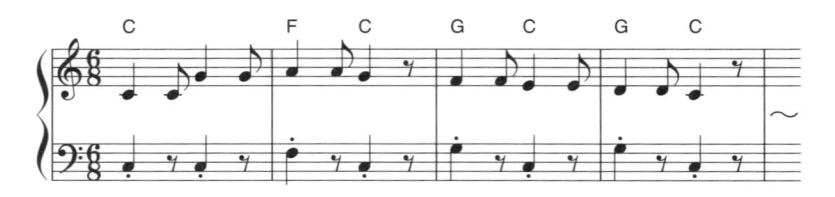

⑤ 回る

譜例では「回る」を16分音符（ ♬♬ ）を使って表現しています。自分を中心にしてクルクル回る、コロコロ転がる、そんなイメージです。

リズムをきちんと弾くために、指の練習から始めましょう。音符が細かくなっていますが、速く弾かなければいけないと思わないことです。リズムに慣れるためにはあせらないで。最初はゆっくりした速さで練習をしてください。この練習曲では指をかぶせて弾くところも出てきます。指使いに注意して弾いてみましょう。リズムに慣れたら『きらきら星』（まわる）にチャレンジです。

「回る」の準備のために

『きらきら星』（まわる）

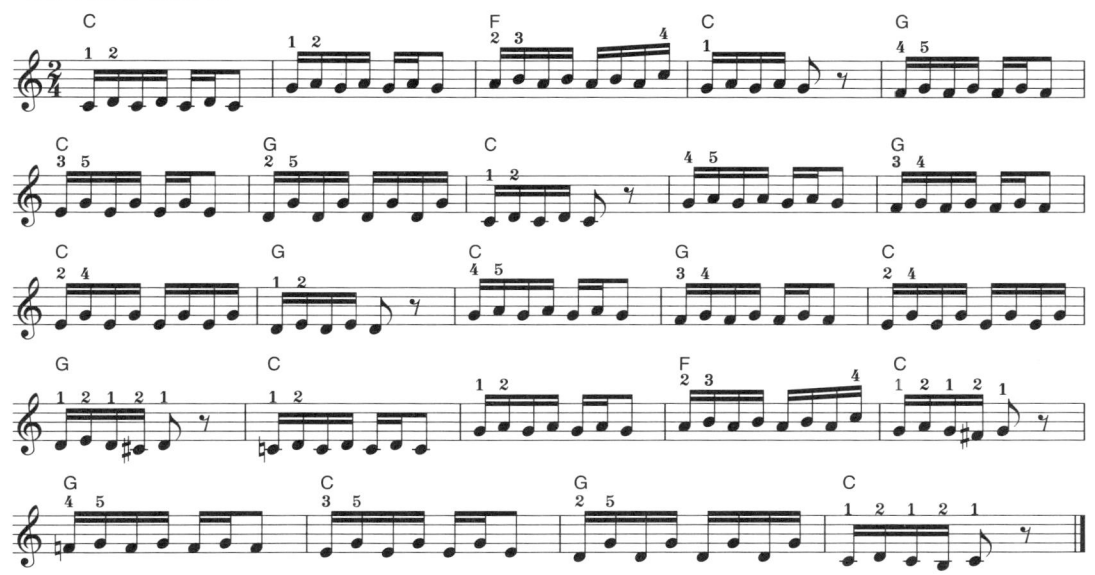

伴奏をつけてみましょう。その時、左手はあまり動かさないことがポイントです。

『きらきら星』のように細かな動きだけでなく、例示したメロディーのように、いろいろな回る動きが感じられるメロディーをつくってみてください。

歩く、走る、踊る、スキップする、回る、という動きを伴うための曲づくりとして、『きらきら星』を例にメロディーの拍子やリズムを変えることで表現してみました。

最後に、音符の長さや音の高さの違いによって、何かの動きを表現したり模倣したりすることができることを紹介しておきましょう。

「回る」で練習した16分音符は、細かな動きや小さな動物をイメージして表現する時に使うと便利です。次の譜例を弾いてみてください。小鳥が鳴いている、あるいは羽ばたいている、そんなイメージがしませんか？

譜例　ことり（小さな動物）

　今度は次の楽譜を左手でゆっくり、ゆったり弾いてみてください。ゾウのように大きな動物をイメージしてみました。

譜例　ぞう（大きな動物）

　これらをヒントにしてあなた自身のイメージをふくらませ、さまざまな動きに合わせた曲づくりにチャレンジしてみてください。

第3章　表現

1 感性と表現

　私たち大人は、物事に対しておおよそ固定化された概念を持っていますが、それは成長過程の上で積み重ねるようにして学習してきたものです。しかし、幼児はいまだそれには至っていません。実にさまざまに思いを巡らせながら生活しています。幼児と接していると、私たち大人が思いもつかないようなつぶやきを耳にすることが多々あります。それは、私たちがずっと昔に忘れてしまっている感覚だったりもします。そのことに保育者自身が気づくこと、そして幼児の思いにこたえられることが、保育者に望まれます。幼児の内から湧き出る思いを受け止め援助するには、まず保育者自身が感性豊かでなくてはなりません。

　私たちは常に、人・物・自然と深くかかわり合いながら日々生活をしています。この私たちの生活の場面、一こまひとこまに耳を傾けると、そこには必ず音があります。人と人が触れ合う、人が物に触れる、四季折々の自然に触れる、どの場面にも音は必ず存在します。私たちの生活と音とは切っても切り離せない関係にあるのです。

　「表現」では、身の回りの音に着目し、聴いてみよう、感じてみよう、表してみようなどと、音を音楽の萌芽としてとらえることから始めていきたいと考えます。

　私たちの身の回りにはさまざまな物（素材）がありますが、一例として、保育現場で素材としてよく用いられている紙をあげてみましょう。厚手のダンボールのようなものから、新聞紙、広告紙、包装紙、画用紙、折り紙、薄手のティッシュペーパーに至るまで、一口に紙といってもその種類は数多く、その用途は大変幅広いものがあります。そして、どのようにも扱うことができます。あなたは、目の前に紙を置かれたら、どんなことを思いつきますか。鉛筆やクレヨンなどで絵を描く、端から丸めて棒のようにする、細かくちぎって紙吹雪のようにするなど思いつくことはたくさんあることでしょう。では、「手触りに注目してみましょう。どのような感じですか」と問いかけられたなら、目の前の紙に触った感触を確かめたり、その音に気づいたりするかもしれませんね。

　幼児が紙を前にして、投げたり振ったりちぎったりしながら音や動きを楽しんでいたなら、あなたはどうかかわりますか。あなたのかかわり方しだいで、幼児の遊びはどのようにも広がりをみせることでしょう。

　それでは、表現の章を紐解いてみましょう。体と体を取りまく身の回りの音に気づく実践です。1つずつ経験すれば、表現するとは何かということにきっと気づくことでしょう。

2 身体と音楽

（1）呼吸と体の内から発する音

■呼吸

　私たちは、ふだんの生活で呼吸や心臓の鼓動を意識することはありませんが、心臓の鼓動は、私たちの意思とは無関係に動いています。これに対し呼吸は、意思によって、自由にコントロールできます。ふだん何気なく行われている呼吸を意識してみましょう。

- 息を吸う、吐く、この繰り返しによって、体はどのように変化するでしょうか。息を吸うことで体が緊張し、吐くことで弛緩することを感じられますか。
- いろいろな速さで呼吸をしてみましょう。息をゆっくり吸ったり、速く吐いたりさまざまに変化させます。
- 自分の呼吸だけではなく、他の人の呼吸を感じてみます。2人組みになって、前の人の背中に手を当て、相手の呼吸を感じましょう。前の人の背中が呼吸するたびに膨らんだりすぼんだり変化していることに気づきましたか。
- 前の人の呼吸に合わせて呼吸してみましょう。どのような感じがしますか。

■息

　生活の中で、息という言葉をどのような時に使うでしょうか。
　息を合わせる、息をのむなど、ほかにどのような言葉を思いつくか出し合いましょう。思いのほかたくさん見つかるのではないでしょうか。
　どうやら息とは、ただ単に身体機能として呼吸をするだけにとどまらず、私たちの生活にとって重要なもののようです。

- どのような時に吐く息を使うでしょうか。
　生活の中で吐く息を使う場面を考えましょう。
　どのような場面があるか話し合いましょう。
- 吐く息を感じてみましょう。自分自身の体にフーッと息を吹きかけてみます。

- 吐く息を見てみましょう。気温が低い時、息がもやっと見えるでしょう。ティッシュペーパーの薄い1枚に息を吹きかけて揺らしたり飛ばしたりしても見えます。このほかにどうすれば、吐く息を見ることができるでしょうか。
- どのような時に吸う息を使うでしょうか。生活の中で吸う息を使う場面を考えましょう。吸う息が、吐くための準備としてあることを感じられましたか。

■体の内から発する音

音楽での声というと真っ先に歌う声を思い浮かべますが、ここでは、生活の中での声について考えます。生活の中での声の種類には、どのようなものがありますか。つぶやき声、叫び声、泣き声など思いつくままに話し合いましょう。

声（体の内から発する音）は、息を吐く時にも生まれます。話し声の感覚で吐く息にのせ、子音や母音など思い思いに音を出してみます。

次には、口の形を大きく縦や横に変えて、小さく縦や横に変えて息を音にしてみましょう。どのような音になりましたか。

ふだん、私たちは、言葉を声に表して話したり、声に出して歌を歌ったりしていますが、息は、言葉や歌だけではない音を表現できるのです。

- 言葉や歌にはならない声を、いろいろな音にして出してみましょう。
  例えば、カエルやネコになって泣き声を出してみましょう。カエルは決してケロケロとは泣きませんし、ネコもニャーニャーとは泣きません。
- クラス全員で、言葉や文字に表せない音を一斉にまたは少しずつ出し続けてみたり、止めてみたり、思い思いにしてみましょう。

［オノマトペをつかった即興的な合奏作品をつくりましょう］

オノマトペとは、フランス語で擬音のことを指します。カエルやネコなど動物の鳴き声をそっくりにまねたり、動いているものの様子を、例えばパタパタ（飛ぶ）、びゅーんびゅーん（走る）などといったり、シュシュシュやヒューッ、ギ・ギ・ギ・ギなど子音を強調して表したりすることです。小さく、大きく、ゆっくり、速く、といろいろな表現ができます。

① 7、8人で1つのグループをつくりましょう。
② グループごとにいろいろなオノマトペを試してみます。
　思い思いに1人ずつ音をつくって聴き合ったり、1人の音に順々に音を重ねてみたり、重ねた音を止めてみたりなどいろいろに工夫してみましょう。
③ グループ別にオノマトペを使った1分ほどの長さの音楽をつくります。
　グループの中で話し合って、3〜4種類のいろいろな声の音のパートをつくります。

④各パートが重なり合うように、音の長短や強弱や速さに工夫し音を出します。
　この時、3拍子や4拍子など拍子を決め、ヴォーカル・パーカッションのようにリズムを重ねてもいいし、拍子が感じられない音の重なりだけにしてつくっても面白いです。
⑤今つくった部分と全く印象の異なる別の部分をつくります。
　グループの中で話し合って、いろいろに工夫してください。
⑥最初につくった部分A、2番目につくった部分B、そして最初につくった部分Aの順番につないで演奏してみましょう。音楽のように聞こえたでしょうか。
⑦最後に、かっこよく終わる部分コーダ（Coda）をつくります。
　このような形式を3部形式といいます。
　3部形式でつくると、まとまりがあるように感じられます。
⑧でき上がった作品をグループ別にその場で互いに発表しましょう。

（2）体の動きと音楽

　私たちは日常の生活でどのような動き方をしているでしょうか。ふだん、何気なく行っている日常の動作を思い起こしてみましょう。生活する上で、私たちの体はさまざまに動いていることに気づくでしょう。

・体を頭から足先にいたるまで、前後・左右・上下・斜めなど意識的にいろいろな方向に動かしてみましょう。どこがどのように動かせますか。
・手や足を広げたり、姿勢を高くしたり低くしたりして前後・左右・上下・斜めに動かしてみましょう。

　日常生活では、体の前方で動作をすることのほうが圧倒的に多いのですが、いろいろな方向を意識して動いてみると、自分の体を軸として、360度球体のようにどのようにも体を動かすことができます。
　ふだん意識しない方向へ膝や腰を使って、足や腕などを動かしてみると思わぬ面白いポーズが取れます。

・面白い彫刻のようなポーズを互いに見せ合いましょう。
・2人組になって、1人がポーズします。もう1人がポーズしている人の腕や足などの形を動かしてポーズのスタイルを変化させましょう。
・今度は自由に動き回って、あなたが今いる部屋の広さを実感してみましょう。床に寝そべったり、中腰になったり、立ち上がったりして天井の高さや部屋の広さを感じましょう。
・縦方向や横方向、斜めやジグザグなど自分の歩いたあとに足跡がついたように感じながら、部屋の隅から隅まで前向きに歩きましょう。

- 同様な歩行を後ろ向きに歩きましょう。頭の後ろに目があるかのように歩きます。前向きに歩く時と比べてどのように違うでしょうか。

[カラーボードを持って、体を動かしてみましょう]

カラーボードを動かしながらさまざまな体の動きをつくります。
まず、カラーボードを作りましょう。

> **カラーボードの作り方**
> およそ20cm四方・厚さ2mm程度の厚紙に、気に入った色の色紙などを貼るとでき上がり。光沢のある紙を使うとよりきれいに見えます。各自の好みに合わせた数種類の発色のきれいな色を用意するとよいでしょう。

- ボードだけをいろいろに動かしてみましょう。
- 膝や腕の屈伸など体全体を使ってボードをさまざまに動かしてみます。前後左右上下など自分を取りまく空間を意識してボードを動かしてみましょう。
- ボードを動かす時に、ボードの動きに見合う擬音的な声を同時に出してみます。
- 2人組になって、動く人、声の音を出す人と役割を決めて同様に行います。この時、声の音担当の人は動きをよく見て、動きにぴったりあてはまる声の音を出すようにします。クラスをいくつかのグループに分け、互いに見合いましょう。

[動きとオノマトペをつかった即興的な合奏作品をつくりましょう]

①7〜8人で1つのグループをつくり、グループをさらに3つのパートに分けます。
②パート別に、ボードの動かし方と動きに合った声の音を決めます。
③例えば、1つのパートは、体をしゃがんだ状態からゆっくりと立ち上がりながら、ボードをゆっくり低い位置から高い位置まで動かす動きを繰り返すことにします。この時、ボードの動き方にぴったり合う声の音をオノマトペで出しながら、動きます。
④ほかの2パートも同じようにボードの動かし方と声の音を考えてつくります。動かし方のスピードや強さなど、パート別に変化をつけましょう。
⑤3つのパートが、互いにコミュニケーションを取り合うようにかかわり合いながら、それぞれが決まった同じ動きと同じ声の音を出し合います。

⑥3つのパートの動く範囲も、パート同士がお互いに絡み合いながら動くようにしましょう。
⑦ずっと同じことを続けるのではなく、時には、1つのパートだけが動いたり、2つのパートが動いたり、全部が止まったりなど変化をつけてみましょう。
⑧前項の［オノマトペをつかった即興的な合奏作品をつくりましょう］時のように変化をつけ、1分ほどの長さの作品をつくります。3部形式でつくるといいでしょう。
⑨でき上がった作品をグループ別にその場で互いに発表しましょう。

（3）身体の音

私たちの体はどのような音を持っているでしょうか。息づかいや心臓の音、お腹の音など、聴診器を体に当ててみると実にさまざまな音が聞こえることでしょう。

・隣の人同士で、互いの体に耳を当てて、体の音を聴き合ってみましょう。どのような音が聞こえるでしょうか。聞こえる音を声にして出し合ってみましょう。

今度は自然に聞こえる体の音ではなく、意図的に体の音をつくり出してみましょう。どのようにすればさまざまな音が鳴るでしょうか。

・体のさまざまな部位を鳴らしてみましょう。
　同じ部位でも鳴らす方法が違えば、異なる音が聞こえます。例えば、叩く、なでる、擦る、弾く、強く、弱くなどいろいろに変化をつけてみましょう。
・7、8人のグループに分かれて、さまざまな音の種類を出し合いましょう。

［ボディーパーカッションで即興的な合奏作品をつくりましょう］
①7〜8人で1つのグループをつくり、グループをさらに3つから4つのパートに分けます。
②パート別に、鳴らす体の部位や音の種類、リズムを決めます。
③例えば、1つのパートは床を踏み鳴らす音、別のパートは、膝から太ももまでを手で打ち鳴らしたり擦ったりする音、また別のパートは手を叩く音などと、音とリズムを決めます。この時、パート別のリズム同士が重なり合わないように、工夫します。
④全部のパートを合わせ、合奏します。テンポや強さなどに変化をつけましょう。
　すべてのパートが、互いにコミュニケーションを取り合うようにかかわり合いながら、演奏します。
⑤ずっと同じことを続けるのではなく、時には、1つのパートだけを鳴らしたり、2つのパートを鳴らしたり、全部が止まったりなど、変化をつけましょう。

⑥④から⑤へ、また④へとつなげて演奏すると3部形式になりますね。
⑦最後に、Coda部分をつくり、1分ほどの長さの作品をつくります。
⑧でき上がった作品をグループ別にその場で互いに発表しましょう。

3 身の回りのものと音楽

　身の回りで聞こえる音に注意を払いましょう。どのような音が聞こえるかよく聴いてみましょう。目を閉じるとよく聞こえますね。

- 今いる部屋の中ではどんな音が聞こえますか。
- 部屋の外に出てみましょう。どんな音が聞こえますか。
- 建物の外に出てみましょう。どんな音が聞こえますか。
- 外を歩いてみましょう。どんな音が聞こえますか。
- 聞こえる音をすべて書き出し、どんな音でどのような感じがするかグループに分かれて話し合い発表しましょう。

　自分の周囲にあるものの音を鳴らしてみましょう。
- 楽器など音の鳴るものを特別に用意しなくても出る音は、何種類ありますか。互いに出し合いましょう。
- 身近にある音の鳴るものを用意して、どのような音が鳴るのか鳴らし方に工夫をして、さまざまに鳴らしてみましょう。
　同じものでも鳴らし方によって、音はどのように変わるでしょうか。音の違いを聴き比べてみます。

[身の回りの素材を使って即興的な合奏作品をつくりましょう]
①7、8人で1つのグループをつくります。
②グループ別に、身近にある素材の中から使うものを決めましょう。
　この時、同じグループは同じ素材にします。例えば、紙、木、金物、ペットボトルなど。
③グループごとに選んだ素材の音色を、さまざまに工夫して音を探します。

④グループをさらに3つから4つのパートに分けます。
⑤それぞれパート別に、音の長さや音色を決めます。
⑥⑤を全体で合わせてみます。この時、みんなで話し合って音楽のように聞こえるよう工夫します。パート別の音が、重なり合わないように工夫しましょう。拍や拍子が感じられるようにしてもよいし、しなくてもよいでしょう。
⑦⑥でつくった部分とは全く印象の異なる部分を全体でつくります。
⑧⑥から⑦へ、また⑥へとつなげ、3部形式で演奏します。
⑨最後にCodaをつくり、1分ほどの長さの作品にします。
⑩でき上がった作品をグループ別にその場で互いに発表しましょう。

4 楽器と音楽

音楽室にどのような簡易リズム楽器が置いてあるか調べてみましょう。
・いろいろな簡易リズム楽器を手に取り、さまざまに工夫して鳴らしてみましょう。音色が何通りほどあるか探しましょう。
・好きな楽器を1種類選び、音の鳴らし方を工夫しましょう。じっとしたままで音を鳴らすのと、楽器自体をさまざまな方向に動かしながら鳴らすのとで、音に違いはあるでしょうか。
・全員で大きな一重円になり互いに円の中央を向き、好きに選んだ1種類の楽器を手にします。
・最も好きな鳴らし方を音が途切れないように、1人ずつ順番に次々と鳴らしていき、鳴る音を互いに聴き合います。前後の音の長短をよく聴きながら、音楽のように聞こえるように行います。

[簡易リズム楽器をつかって即興的な合奏作品をつくりましょう]
①8～10人の偶数の人数で1つのグループをつくりましょう。
②1つのグループをさらに、2人1組のパート（4つから5つ）に分けます。
③2人1組に1つの楽器を用意します。楽器は好きな楽器を選びます。
④2人1組のうち1人が楽器を持って座ります。
⑤もう1人は楽器を持った人の前に立ちます。
⑥立っている人は、ステップする（動く）役、座っている人は楽器を鳴らす役と役割を分担します。
⑦立っている人が、その場で片足を1つステップすると同時に、楽器を持った人が楽器を鳴らします。

⑧立っている人は、次々とさまざまなステップをします。例えば、片足ケンケン、スキップ、かけあし、ゆっくり、小刻みなど。

⑨立っている人がステップするたびに、座っている人は楽器をステップに合わせて鳴らします。

⑩立っている人は、好きなリズムを考えてステップします。と同時に、楽器役の人は楽器を鳴らします。

⑪⑨をグループ全体で合わせます。この時、話し合ってパート別のリズムを決め、各パートのリズムが重なり合わないように工夫します。

⑫⑪の部分とは全く異なる部分をつくります。テンポや強弱、拍子などに変化を持たせるように工夫するとよいでしょう。

⑬⑪から⑫へ、また⑪へとつなげ、1分ほどの長さで3部形式の作品をつくります。

⑭最後にCodaをつくるとよいでしょう。

⑮でき上がった作品をグループ別にその場で互いに発表しましょう。

5 子どもと一緒にできる音遊び

（1）詩に音をつけてみよう

「創作するって楽しい」と心で感じる体験をしてみましょう。実際の場面で子どもたちと一緒に表現遊びができたらいいですね。

子どもたちは、絵本が好きです。中でも保育者の素話は大好きです。特に、詩を朗読すると、子どもたちは、すぐ暗記して大好きになっていきます。そんな印象に残る詩の言葉を音で表現してみてはどうでしょうか。言葉の中にある音やリズムに気づいたり、そこからイメージを広げたりして、表現遊びへとつなげてみましょう。

▢ねらい
- 身近な素材に関心を持ち、表現力を養う。
- 詩に音をつけることによって、言葉の持つイメージがふくらむようにする。
- 自分の思っていることを相手に伝えながら、一緒に活動する楽しさを知る。

■対象年齢

4歳児以上

■準備物

身近にある廃材　セロテープ　ホッチキス　ハサミ　のり

■遊び方

①身近にある詩を気持ちを込めて読んでみよう。

> お月夜　　北原白秋
>
> トン、トン、トン、
> あけてください。
> どなたです。
> わたしゃ木の葉よ。
> トン、コトリ。
>
> トン、トン、トン、
> あけてください。
> どなたです。
> わたしゃ風です。
> トン、コトリ。
>
> トン、トン、トン、
> あけてください。
> どなたです。
> 月のかげです。
> トン、コトリ。

「日本児童文化学体系　第7巻」(ほるぷ出版)より

- **保育者と子どもたちで掛け合いで読んでみる。**

    保育者　　　「トン、トン、トン、あけてください」

    子どもたち　「どなたです」

    保育者　　　「わたしゃ木の葉よ。トン、コトリ」（以下同様）

- **どのようなイメージの音にするか話合う。**

    詩の言葉1つひとつを音で表現していく。

    「トントントンあけてください」………戸をたたく音

    「どなたです」……………………………尋ねるイメージの音

    「わたしゃ木の葉よ。トンコトリ」……答えるイメージの音

②身近にある物や廃材を探し出してみよう。

- **身近にある物を叩いて音を出したり、廃材を探したりする。**

    机、壁、床などを叩いてみる（手で叩く・棒で叩く）……音の違いに気づいてみよう

    紙、ストロー、ビニール袋、牛乳パック、空き箱、空き缶、輪ゴムなど

③探した物、作った物でどんな音が出るか試してみよう。

- どんな音がするか試してみよう。音の出し方を工夫しながら、詩が持つイメージを音で表現してみよう。

〔音づくりの例〕

コップに水を入れて ストローでふいてみる	 たまごパックをつぶしてみる	 FPマットをプチプチつぶしてみる
 箱に砂を入れて、動かしてみる	 たくさんのビー玉を落としてみる	 水を入れたペットボトルを振ってみる

④詩の言葉を理解しながら、イメージする音づくりを工夫してみよう。
⑤学生同士で音の出し方について話し合ったり、聴き合ったりしながら作成してみよう。
⑥発表会をしよう。
⑦よいところや、工夫した点など意見を出しながら、感じたことや考えたことを話し合ってみよう。

■指導上の留意点

- 詩のイメージがふくらむように、言葉の長さ、声の大きさ、間に気をつけながら読んでいきましょう。
- 生活の中にある身近な物に目が向けられるように声をかけましょう。
- 試したり、考えたりしながら音づくりを工夫しましょう。
- お互いに意見を出し合いながら取り組むようにしましょう。
- 詩のイメージが、音によって壊れないようにしましょう。
- 相手によくわかるように、音の強弱、リズム、テンポに気をつけましょう。
- 詩を読む時は、間の取り方に気をつけ、気持ちを込めて朗読しましょう。
- 発表を聞く時は、静かに聞くように声をかけ、目をつむらせるなどして、集中させましょう。
- 感想を出し合ったり、質疑応答をしたりしながら、相手の気持ちを読み取ったり、感じ方の違いに気づいたりしましょう。

▢ 発展・応用

ほかにどんな詩があるか探してみましょう。

- 日々の保育の中で、絵本の読み聞かせや歌を歌う活動が毎日あるように、詩に出会う時間があったら素敵ですね。

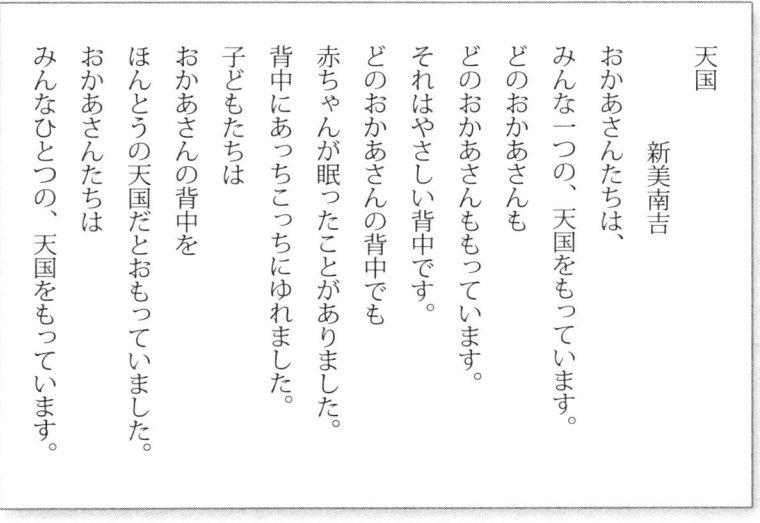

> 天国　　新美南吉
>
> おかあさんたちは、
> みんな一つの、天国をもっています。
> どのおかあさんも
> どのおかあさんももっています。
> それはやさしい背中です。
> どのおかあさんの背中でも
> 赤ちゃんが眠ったことがあります。
> 背中にあっちこっちにゆれました。
> 子どもたちは
> おかあさんの背中を
> ほんとうの天国だとおもっていました。
> おかあさんたちは
> みんなひとつの、天国をもっています。

「校定新実南吉全集　第8巻」（大日本図書）より

- 子どもたちに「みんなのお母さんは、どんなお母さん？」と尋ねてみたり、おんぶされた時の気持ちを子どもに尋ねてみるといいですね。

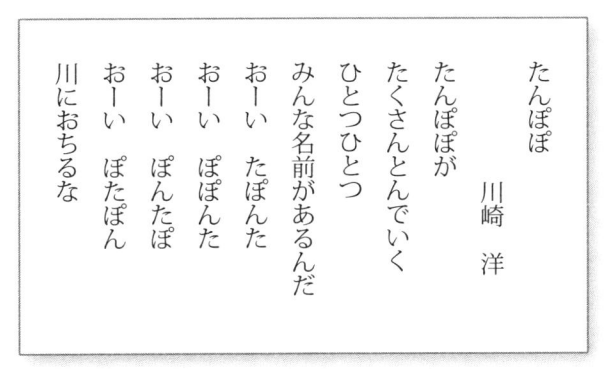

> たんぽぽ　　川崎　洋
>
> たんぽぽが
> たくさんとんでいく
> ひとつひとつ
> みんな名前があるんだ
> おーい　たぽんた
> おーい　ぽぽんた
> おーい　ぽんたぽ
> おーい　ぽたぽん
> 川におちるな

「しかられた神さま」（理論社）より

- 「おーい　たぽんた　おーい　ぽぽんた…」のところは、声を変えると面白いですね。

☆参考図書：今井和子編者『私の中の子どもと詩』（ひとなる書房）

- 絵本の中にある絵に、音や音楽を創作してみたり、子どもと一緒にお話をつくって、音や音楽、体の動きを創作したりして、発表会へと、つなげていってもいいですね。

（2）CDの音楽と手づくり楽器の音でアンサンブルをしましょう

　楽器演奏をする時、「何かの曲を楽譜通りに合奏する」といった方法がありますね。ここでは、身の回りにある素材・用具を子どもたち自身が探し出したり、直接触れたり、扱ったりしながら、自分なりの表現を十分楽しめるような音楽遊びをいくつか紹介します。自分で考えた手づくり楽器で演奏ができたり、身の回りにある生活用品から音を出していく不思議さや、自分自身の体からも音を出せるという驚きや発見を体験していきましょう。

■ねらい
- みんなと一緒に考えたり、感じたりしながら、音色やリズムの楽しさを味わう。
- 身の回りにある廃材を使って、自己表現を楽しみながら楽器づくりを工夫する。

■対象年齢
- 5歳児以上

■準備物
　CDプレーヤーやカセットデッキ、広告紙・牛乳パックなどの空き箱や空き缶などの廃材、ハサミ・のりなどの教具、身近にある用具（台所用品、学用品、生活用品など）

■つくり方と遊び方
①さまざまな音楽に触れながら合奏したい曲を決めましょう。
- 一緒に歌ったり、音楽をよく聴いたりしてみよう。
- メロディーやリズムが理解しやすい曲、ストーリー性のある曲を選ぶと打楽器の選択や擬音がつくりやすいですね。
- 参考曲
　『風がひいてるバイオリン』（井出隆夫・作詞／越部信義・作曲）
　　（NHKおかあさんといっしょ、日本コロムビア」）
　『もしも季節がいちどにきたら』（冬杜花代子・作詞／花岡優平・作曲）
　　（NHKおかあさんといっしょ、日本コロムビア）

②どんな楽器が必要か考えてみましょう。
- 無音程打楽器　……………太鼓、タンブリン、すず、木魚、ゴング、シンバルなど
- 有音程打楽器・旋律楽器　…木琴、鉄琴、リコーダーなど
- ラテン・リズム楽器…………マラカス、クラベス、コンガなど

③用意しておいたさまざまな廃材や材料を使って、楽器づくりをしましょう。
- 廃材を使って楽器づくりをする。
- 音づくりをする……ゴムを弾く、ペットボトルを叩いたり擦ったりする。
- 紙鉄砲の音など面白いと感じる音をつくっていく。

④完成した楽器を音楽に合わせて鳴らし、リズムを考えましょう。

- どんなリズムがあるのか動きの中のあるリズムに気づくために、動いている人の手の動きやステップから、どのようなリズムが聞こえてくるか観察してみよう。
- 体のさまざまな動きに対して、見ている人がそれに合わせて手を叩いたり、足踏みをしたり簡易打楽器で音を出して表現してみましょう。動く人は、行進、駆け足、ギャロップ、ワルツ、ジャンプなど、速さも変えながら動いてみよう。
- 手拍子など体でリズムがイメージできたら、簡易打楽器を利用してみよう。
- さまざまなリズムに気づくことができたら、リズムを考えてみよう。その際に、即興的な演奏を大切にしよう。
- 子どもには個人差があることを配慮しよう。
- 曲想にふさわしいリズムを工夫しながら、子どもと保育者が相談しながら一緒につくっていけたらいいですね。

⑤グループ内で楽器演奏をして、音やリズムの調整をしてみよう。
- 友だちの話を受けとめたり、自分の考えを話す経験は大切です。仲間とのコミュニケーションを図ることを目的にしよう。

⑥交代で演奏し、聴き合い、感想を出し合ってみよう。
- 発表を通して得られる充実感を、グループやクラス全体の活動に発展できるといいですね。

⑦合奏について話し合いをし、次回の遊びに期待が持てるようにしよう。
- 次回の課題について遊びが発展・展開できたらいいですね。

⑧旋律を楽譜におこし、リズムを楽譜に記入してみよう。

指導上の留意点

- 1人ひとりの意見を大切にしながら、みんなが積極的に合奏に参加できるように言葉をかけましょう。
- 楽器を投げたり、蹴ったりする子どもがいた場合には話し合いをし、なぜいけないのか、どうしたらよいのかを考えていきましょう。
- 楽器を作る時は、子どものイメージを大切にしながら、助言していきましょう。
- 1人ひとりのリズムの打ち方を尊重しながら、全体のリズムの調整をしていきましょう。
- 子どもたちだけでは、全体のバランスが取りにくいので、保育者がヒントを与えて援助していきましょう。
- 1人ひとりの意見に対応し、良かった点はしっかりほめてやり、次回に期待が持てるようにしましょう。

発展・応用

- 生活用品の中から音を探してみよう
  台所用品……ザル、ボール、計量スプーン、鍋ぶた、まな板など
  学用品……鉛筆、消しゴム、筆箱、ものさし、コンパス、分度器、三角定規など
  どうしたら音が鳴るか工夫してみましょう

- そのほか、自然物（石、木の葉、小枝、風の音、水の音、鳥や虫の鳴き声）など身近な生活の中からさまざまな音を探していきましょう。戸外へ出て、音探しに行ってもいいですね。
- 既成の楽器を使う時は、体のいろいろな部位に当てて音を出したり、楽器をつるして叩いてみたり、投げてキャッチした時の音や、転がして鳴る音に気づいたり、鈴の部分を握ってみて音の違いを確かめたりしながら、鳴らし方の工夫をしてみましょう。その際に楽器を乱暴に扱わないように注意しましょう。

6 わらべ歌

（1）わらべ歌

　だれでも子どもの頃、『なべなべ』や『はないちもんめ』などわらべ歌で遊んだ経験があることと思います。近頃、子どもたちが、わらべ歌であまり遊ばなくなったといわれていますが、それでも時折保育現場に足を運ぶと、『なべなべ』や『はないちもんめ』で遊ぶ姿を目にすることがあります。見ているとそれらの遊びは、今も昔も変わらない遊びのスタイルをしています。このように、わらべ歌は昔から今日へと伝承されていく遊びのひとつです。

　わらべ歌はどのようにしてできたのでしょうか。保育現場で子どもたちの遊んでいる様子を見ていると、友だちに声をかける時、「〇〇ちゃーん（レドレー）」と呼べば「はあいー（レドレー）」と答えたり、遊びに誘う時には、「あそぼー（ドドレー）」と声をかけると「いいよー（レドレー）」と答えたりと、お互いに歌でやり取りをしている姿をたびたび目にします。このやり取りは、日本人であるなら子どもに限らず大人であっても、同じようにするはずです。「〇〇ちゃーん」「はあいー」の感覚はまさに日本人ならではの語感なのです。このように、言葉を歌にして表すことが、そもそもわらべ歌の始まりといえます。わらべ歌は、特定の作者がなく、生活の中で自然発生的に生まれ、伝承されてきた日本民族固有の文化です。

　わらべ歌の中には、地域でのみ歌われているものもあれば、日本全国に広まったものも多くあり、『なべなべ』や『はないちもんめ』などは全国各地に広まったものにあげられます。わらべ歌は生活の中に根ざしたものであるため、地域の話し言葉と密接に関係があります。したがって同じわらべ歌でも、地域によって歌詞や旋律に若干の違いがある場合がかなりあります。

　古くは童謡とも書きましたが、大正時代の童謡運動以降、作曲家が作った童謡と区別して、〈わらべ歌〉と表記されるようになりました。

（2）わらべ歌遊び

　わらべ歌にはいろいろな種類のものがありますが、鬼ごっこ、まりつき、縄跳び、お手玉、羽根つき、おはじき、お手合わせ、石けりなどの遊びに伴うものが中心です。また言葉遊び的なものとしては、はやし歌（悪口言葉）、早口言葉、数え歌、しりとり歌、唱え歌、絵かき歌などがあります。

　永田栄一は「日本のわらべうた遊び35」（音楽之友社）で、〈遊ばせ歌と手遊び〉〈唱え歌と絵かき歌〉〈お手合わせとジャンケン遊び〉〈まりつきと縄跳び〉〈全身的遊び〉〈鬼遊び〉と分類しています。そして、「『いないいない……バー』という幼な子に対する触れ合いの遊び、『たかいたかい……』と体を高く抱きあげたり、『ぶーらんこぶーらんこ』と体をゆらしてやる遊び、歩き始めるころは『あんよはじょうず』と手を打ってのはげましなど」を〈遊ばせ歌〉と呼ぶとしています。

　わらべ歌遊びは、言語の発達、さらに社会性、心の発達に重要なものでした。歌やリズムによって友だちと一体となり、競い合い、役割を交替したりするルールのなかで、協力やいたわりの気持ちなどが自然に育まれるのです。

　また幼児教育の現場などでわらべ歌を扱う場合の注意として、

- 遊びの自由を尊重しましょう。子どもたちは、大人より即興的にまた創造的に遊びを展開します。
- 歌う声の高さは、子どもたちに合わせましょう。歌をリードすることも必要ですが、基本的には遊びそれ自体が生きた表現を生みます。
- 集団保育や学級全体でわらべ歌を扱う場合、20人や30人で行なうわらべ歌遊びはむしろ例外と考え、グループでの遊びを生かす工夫が必要です。
- 保育者（教師、母親）自身が遊び上手で、遊びのレパートリーを多く持ち、その上で遊びの教育的意義を把握しておく必要があります。
- 遊びの地域社会への広がりを考え、子どもの心と体の豊かさを保障していくことは大人の重要な役割ですが、遊びへの共感から始めることが大切です。

などをあげています。

　日本と外国の歌遊びの違いについて、「日本をはじめ東南アジアでは〈じゃんけん〉がさまざまな形で発達したのに対して、欧米では〈鬼決め遊び〉だけが盛んになった。普通の〈歌遊び〉でも、欧米では、輪になって回るものが圧倒的に多い」と述べるのは、ＮＨＫ「みんなのうた」「歌のメリーゴーランド」などのプロデューサーとして世界の子どもの歌を発掘、紹介し、少年少女合唱の世界でも活躍した後藤田純生です。彼は、日本の幼稚園・保育園、小・中学校の歌唱教育の実状を観察して回った結果、共通して「子どもたちが歌わされている」「型にはまった歌唱が習慣づけられている」「日常行なわれている壁に向っての一斉歌唱の不自然さ」を嘆いて、子どもの嗜好から出発する「歌遊び」が自然にかなったものであると確信します。そして、「歌遊び」の効用について次のように述べています。

- 遊びに参加する子どもは、自発性と自主的判断が要求され、集中力、判断力の訓練になる。
- 身体活動やルールに結びついているため、指導者の指導や注意なしに、自然な発声、歌唱表現ができる。
- 外国の「歌遊び」は、フォーク・ダンスの原型となっているものが多く、「歌遊び」の経験がダンスへの第一歩となる。
- 遊びでは、ルールの十分な理解と役割分担が要求され、独立心や自発性を引き出すのに有効な社会的訓練の第一歩となる。

さらに活動に当たっての留意点として、
- 幼稚園、保育園や小学校などで集団ゲームはクラス全員で行なうものと決めているところがありますが、集団の「歌遊び」では人数に十分な配慮が必要です。幼児の場合、輪を作るとき、原則として20名以上の円陣は避けるようにしたほうがよいと思います。大きな円陣は、参加感を希薄にしますし、動き始めると切れてしまうことがあります。
- 指導者役の必要のないゲームの場合、子どもに覚えさせるまでの指導は別として、子どもが習熟した段階では、指導者は完全に参加者の一員として、対等のメンバーになりましょう。
- 「歌遊び」には、原則として伴奏楽器は不要と断言してもさしつかえないようです。ゲームの進行に邪魔にならぬ程度の伴奏はあっても良いのですが、実際にそのような伴奏は大変です。ピアノの場合、ゲームのまん中に入ることができないので、もっとも不適当です。いちばん適当なのは、ギターとアコーデオンです。ゲームの中にも入れますし、また相手の顔を見ながら弾くことができます。しかし、「歌遊び」は、調子（キイ）も、テンポも、子どもたちが自然に生み出すものが最上で、伴奏がこれを規制してはならないことを念を押しておきたいと思います。
- ゲームが終ってから、時にはピアノまたはオルガンで、きれいに歌ってみるのも、清々しくて気持ちのよいものです。別の音楽的快感を感じることができるでしょう。

などをあげています（「世界の遊び歌35」音楽之友社）。

　わらべ歌の遊び方には、親や保育者が乳児の手を取ったり抱き上げたりくすぐったりなどしながら遊ばせる〈遊ばせ遊び〉や、〈数える遊び〉〈しぐさ遊び〉〈鬼きめ遊び〉〈役交代の遊び〉〈列や輪を組んでの遊び〉〈へりふえる遊び〉などがあり、大人と子どもが一対一で向き合う遊びと、子どもが集団で遊ぶものとに分かれます。集団遊びの中にも、3～4人くらいの少人数で遊べるものと、もっと大人数で遊べるものがあります。
　では次に、わらべ歌をいくつか紹介しましょう。

□**『お寺のおしょうさん』**（一対一の遊び）

（楽譜：セッ セッ セ ノ パ ラ リ コ セ／おてらの おしょうさんが かぼちゃの／たねを まきました めがでて／ふくらんで はながさいて ジャンケンポン）

【遊び方】
①「セッセッセ」では、2人で両手を取って振ります。
②「お寺のおしょうさん」から、『おちゃらか』と同じように、1音節1拍のリズムで次の要領で手を合わせます。
　「お」上に向けた左手の平を右手で叩く。「て」お互いに右手で、相手の左手の平を叩く。以上を繰り返す。
③「芽が出て…」から次の動作をします。

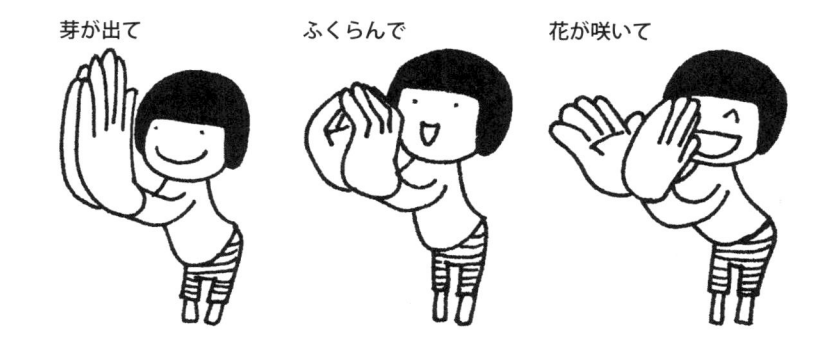

芽が出て　　ふくらんで　　花が咲いて

④「ジャンケンポン」でジャンケンをし、勝った人は相手をくすぐります。

■なべなべ（一対一の遊び）

♪なべなべそっこぬけ
　そっこがぬけたらかえりましょう

【遊び方】
①2人で向かい合って手をつなぎ、「なべなべそこぬけ、そこがぬけたら」で、歌に合わせて、1小節ひと振り（またはふた振り）します。
②「かえりましょ」で、つないだ手のどちら側かをくぐって背中合わせになります。

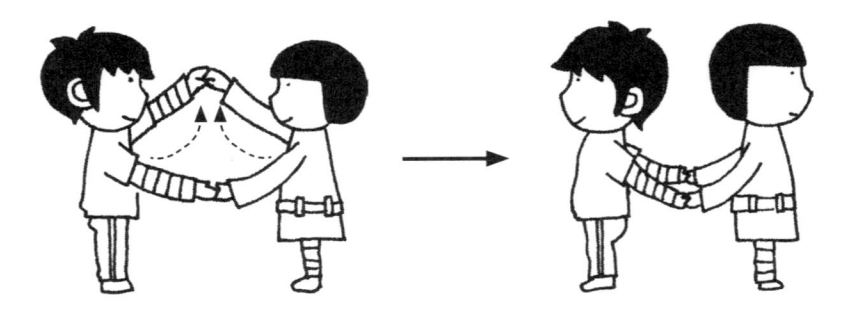

③そのまま同じように歌って、「かえりましょ」で元に戻ります。

【集団での遊び方】
　全員で歌に合わせて手を振ります。くぐりぬけるところを決めておき、「かえりましょ」でリーダー役の子どもから順番に、手をつないだままくぐり抜けて全員が後ろ向きの輪になります。そのまま歌って、「かえりましょ」で同じようにリーダーに続いて元に戻ります。

■大波小波（集団遊び）

♪おおなみこなみで
　ぐるりとまわしてねこのめ

【遊び方】
①ジャンケンで、縄の持ち手を決めます。
②「おおなみこなみで」、4回、揺らした縄を跳びます。
③「ぐるりとまわしてねこの」で3回、大回しの縄を跳びます。

④終わりの「め」で縄をまたぎます。

⑤縄にひっかかった子どもが、持ち手と交替します。

■『**あぶくたった**』（集団遊び）

あ ぶ く たっ た　に え たっ た　に え た か ど う か
た べ て み よ う　む しゃ む しゃ む しゃ　まだ に え ない／もう に え た

【遊び方】

① 手をつないで輪になり、鬼は真ん中にしゃがみます。「あぶくたった…たべてみよう」と歌いながら鬼の周りを回ります。

②「ムシャムシャムシャ」で、食べるまねをして、鍋に見たてた鬼の頭をつっつきます。

③「まだにえない」で輪にもどります。

④ 上の動作①～③を繰り返し、3回目くらいに「もうにえた」と歌います。

⑤ 以下のように鬼と対話をします。

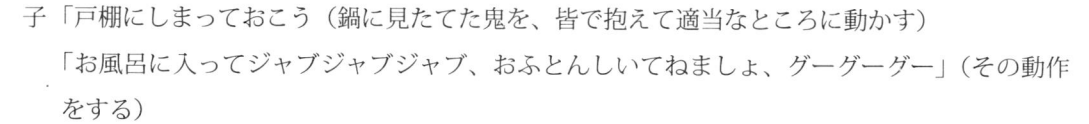

　子「戸棚にしまっておこう（鍋に見たてた鬼を、皆で抱えて適当なところに動かす）

　　「お風呂に入ってジャブジャブジャブ、おふとんしいてねましょ、グーグーグー」（その動作をする）

　鬼「トントントン」

　子「なんの音」

　鬼「風の音」

　子「あーよかった、グーグーグー」

　鬼「トントントン」

　子「なんの音」

　鬼「ほうちょうの音」

　子「あーよかった、グーグーグー」

　鬼「トントントン」

　子「なんの音」

　鬼「おばけの音」

　子「キャー」（皆は逃げ、鬼は追いかける）

今年のぼたん（集団遊び）

セッ セッ セ ノ ヨイ ヨイ ヨイ こ と し の
ぼ た ん は よ い ぼ た ん ―
お み み を か ら げ て スッ ポン ポン
も ひ と つ お ま け に スッ ポン ポン

【遊び方】

① 手をつないで輪になり、鬼は輪の外にいます。

② 「今年のぼたんはよいぼたん」まで歌いながら、『おちゃらか』などと同じ要領で、両隣の人と手を叩く手合わせをします。

③ 「おみみをからげて」では、両耳のところで両手をぐるぐる回します。

④ 「スッポンポン」で、両手の平をこすり合わせるように3回叩きます。「もひとつおまけにスッポンポン」も同じ動作です。

⑤ 鬼と子どもの対話。

鬼「入れて」
子「いや」
鬼「どうして」
子「どうしても」
鬼「じゃあ、山へつれていってあげるから」
子「山ぼうずがでるからいや」
　（山を海や川、公園などに替える）
鬼「じゃあ、家の前をとおったら天秤棒でぶつぞ」
子「じゃあ、入れてあげる」
　（鬼も輪の中に入って②③④を遊ぶ）
鬼「もう帰る」
子「どうして」
鬼「晩ご飯だから」
子「晩ご飯のおかずはなーに」

鬼「へびの丸焼き」
子「生きてるの、死んでるの」
鬼「生きてるの」
子「じゃあ、さようなら」
　（「誰かさんの後ろに蛇がいる」を歌いながら、鬼の後ろについていく）
鬼（立ち止まって振り返る）「わたし？」
子「ちがう」
　（数回、繰り返す）
鬼「わたし？」
子「そう」と答えて子は一斉に逃げ、鬼は追いかける。

第4章　楽典

はじめに

　音楽の理論関係では、保育者にはどのような能力が求められているのでしょうか。厚生労働省発令の「指定保育士養成施設の指定基準について」の教科目の教授内容「基礎技能」には「楽譜を読むために必要な知識」の習得が示されていました（はじめに（p.4）参照）。楽譜を読むために必要な知識とは、**楽典**のことです。

　文字は、音を視覚的に表したものです。仮名は、言語音を50音として記号化したものです。漢字は、意味を備えた言葉を記号化したものです。私たちは、一定の規則に従って仮名や漢字を組み合わせて、句や文をつくります。一定の規則は文法と呼ばれます。音楽における楽譜も言葉の場合とよく似ています。

　音楽も音でできています。音楽を構成している音を、一定の規則に従って視覚的に表したものが楽譜です。音楽を楽譜に表すことを記譜、また、一定の規則を楽典といいます。

　記譜された楽譜を生きた音楽として響かせることを演奏といいます。その際に必要な能力が読譜です。読譜とは、読んで字のごとく楽譜を読むことです。読譜には、楽典の知識が必要不可欠です。

　それでは、実際の楽譜を見てみましょう。次に示す譜例は、ブルグミュラー「25の練習曲」の『スティリアの女』の初めの部分です。わずか6小節ですが、ここには楽典の基本的な要素が多く含まれています。

　ここには①〜⑳まで、楽譜に関する記号や言葉が示されています。各項目には、簡単な説明のあとにページが記してあります。説明が簡単すぎてよくわからない、また、もっと知りたい場合は、そのページを開いてください。より詳しく知ることができます。

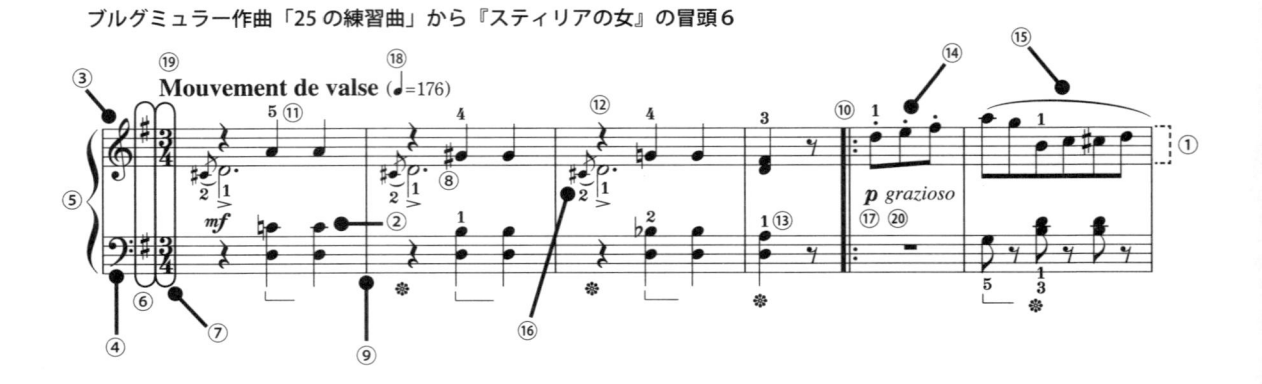

ブルグミュラー作曲「25の練習曲」から『スティリアの女』の冒頭6

①**五線**（音の相対的な高さを表す記号。p.116）
②**加線**（五線の範囲を超える音を表すときに用いる臨時の記号。p.116）

③**ト音記号**（五線上の音の絶対的な高さを規定する記号の一種。p.117）

④**ヘ音記号**（五線上の音の絶対的な高さを規定する記号の一種。p.117）

⑤**大譜表**（音部記号が記された五線を**譜表**といい、高音部譜表と低音部譜表を括弧で結んだ譜表のこと。p.117）

⑥**調号**（主音と呼ばれる支配音に統一された音組織のことを**調**といい、その調を構成する変化音を五線の左端にまとめて示す記号。p.122）

⑦**拍子記号**（一定の拍の規則的なまとまりを**拍子**といい、その拍子を表す記号。p.119）

⑧**変化記号**（音の高さを半音単位で変える記号。p.117）

⑨**小節線**（拍子を見やすくするために五線を垂直に区切る線。p.120）

⑩**反復記号**（曲のある部分を繰り返すことを指示する記号。p.133）

⑪**音符**（音の長さを表す記号。p.118）

⑫**休符**（楽曲の音のない部分を表す記号。p.118）

⑬**和音**（2個以上の高さの異なる音が響いた時の合成音のこと。p.123）

⑭**スタッカート**（奏法を示すもので、音を短く切って演奏することを示す記号。p.130）

⑮**スラー**（奏法を示すもので、高さの異なる2音以上の音に付ける弧線。音を切らずにつなげて演奏することを示す記号。p.130）

⑯**前打音**（旋律を飾るために、楽曲の構成音の前に付加された小さな音符のこと。装飾音の一種。p.132）

⑰***p***（音の強さに関する記号。***p***は弱く演奏することを示す。p.127）

⑱♩= 176（楽曲の速度を示す記号。1分間に4分音符を176回刻む速さで演奏するの意。p.128）

⑲**Mouvement de valse**（楽曲の速度を示す用語で、「ワルツの速さで」の意。p.128）

⑳*grazioso*（曲想に関する用語で、「優雅に、気品をもって」の意。p.134）

1 音

（1）音

　音は、空気振動による波の現象なので見ることはできません。見ることができる波の現象に波紋があります。波紋は、水面に生じた規則正しい周期的な円形の波動です。大きな石を投げると大きな波紋がゆっくりと広がり、波紋は長く続きます。反対に小さな石の場合は、小さな波紋が速いピッチで広がりすぐに消えてしまいます。波紋は水面上に生じた円形の波の現象ですが、音は空間に生じた球形の波の現象です。波の1つひとつを周波、単位時間内に発生した周波の数を周波数といいます。

（2）純音、楽音、噪音

音には、**純音**、**楽音**、**噪音**の３つの種類があります。純音は、単一振動によるもので、音叉の音がこれです。純音は、自然界にはほとんど存在しません。楽音は、複合音の一種で、基音とその整数倍の部分音を持っています。楽音は、ピッチを明確に聞き取ることができます。人の声、旋律や和音を演奏できる楽器の音はすべてこれです。噪音は、複合音ですが、基音がはっきりせずさまざまな周波数の音が混在しているものです。シンバルや太鼓、梵鐘などがこれで、ピッチを特定することはできません。

（3）音の性質

音には、**高さ**、**長さ**、**強さ**、**音色**の４つの性質があります。

私たちは、このような音の性質を自覚していなくても、「低音の魅力（高さ）」「声を長く伸ばして（長さ）」「虫の小さな声（強さ）」「ハスキーボイス（音色）」など、これらの性質を日常会話で表現しています。

2 譜表

（1）五線・加線

音楽では、音の相対的な高さは**五線**を用いて表します。五線内に収まらない高さの音は短い線を臨時に付加して表します。これを**加線**といいます。

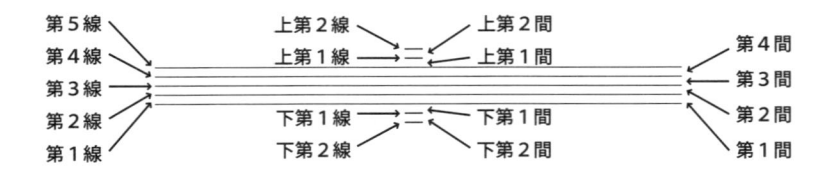

（2）音部記号・譜表

　五線だけでは、音の高さを特定できません。音の高さを特定するには、**音部記号**を用います。音部記号が記された五線譜を**譜表**といいます。音域の広いピアノでは、ト音譜表とヘ音譜表を括弧(かっこ)で結んだ**大譜表**を用います。

（3）音名

　譜例は、ピアノの白鍵の音です。これら7つの音は、音楽を構成する主要な音に位置づけられ、幹音と呼ばれます。幹音は、それぞれ固有の名称をもっています。

日本	ハ	ニ	ホ	ヘ	ト	イ	ロ
独語	ツェー C	デー D	エー E	エフ F	ゲー G	アー A	ハー H
英語	C	D	E	F	G	A	B

（4）変化記号

　鍵盤には、幹音以外の音（黒鍵の音）もあります。それら黒鍵の音も含め、変化記号によって幹音を変化させた音を派生音といいます。♯（シャープ）は半音高く、♭（フラット）は半音低くする記号です。派生音の音名は次の通りです。変化させた音を元にもどすには、♮（ナチュラル）を用います。変化記号には、♯2個分高くする 𝄪（ダブルシャープ）、♭2個分低くする ♭♭（ダブルフラット）もあわせて5種類あります。

日本	嬰ハ	嬰ニ	嬰ホ	嬰ヘ	嬰ト	嬰イ	嬰ロ
独語	チス Cis	ディス Dis	エイス Eis	フィス Fis	ギス Gis	アイス Ais	ヒス His
英語	C sharp	D sharp	E sharp	F sharp	G sharp	A sharp	B sharp

日本	変ハ	変ニ	変ホ	変ヘ	変ト	変イ	変ロ
独語	ツェス Ces	デス Des	エス Es	フェス Fes	ゲス Ges	アス As	ベー B
英語	C flat	D flat	E flat	F flat	G flat	A flat	B flat

3 音符・休符

（1）音符・休符

音符は、音の長さの割合を表す記号で、五線上に記譜される位置によって音の高さを示します。また、**休符**は、音の鳴り響いていない長さを表す記号です。

普通用いられる音符（休符）と名称（割合は4分音符・休符を1とした場合のもの）

名称	16分音符	8分音符	4分音符	2分音符	全音符
音符	♬	♪	♩	𝅗𝅥	𝅝
割合	1/4	1/2	1	2	4
休符	𝄿	𝄾	𝄽	＿	￣
名称	16分休符	8分休符	4分休符	2分休符	＊全休符

＊全休符には、拍子の拍数に関係なく、1小節間を休止する用法もある。

（2）付点音符（休符）・複付点音符（休符）

音符（休符）には、**付点音符（休符）**と呼ばれるものがあります。付点は、点を付加された音符の 1/2 の長さを持ちます。点を2つ付加した複付点音符では、1つ目の付点はもとの音符の 1/2、2つ目の付点はもとの音符の 1/4 の長さを持ちます。

名称	付点4分音符	付点8分音符	複付点4分音符	複付点8分音符
音符	♩.	♪.	♩..	♪..
割合	♩ + ♪	♪ + ♬	♩ + ♪ + ♬	♪ + ♬ + 𝅘𝅥𝅰
休符	𝄽.	𝄾.	𝄽..	𝄾..
名称	付点4分休符	付点8分休符	複付点4分休符	複付点8分休符

（3）連符

音符は、普通 1/2、1/4 のように、倍々で等分割されます。しかし、1/3、1/5、1/7……のように分割される音符があります。これを**連符**といいます。連符には、3拍子の基準になる付点音符を2、4……等分したものもあります。

分割単位の音符	𝅝	𝅗𝅥	♩	♪
3連符	3連符(𝅗𝅥)	3連符(♩)	3連符(♪)	3連符(♬)
5連符	5連符(♩)	5連符(♪)	5連符(♬)	5連符(𝅘𝅥𝅰)

4 リズム

（1）リズム・拍・拍子

NHKは、「プッ プッ プッ ピー」という合図で時報を知らせています。これは、3つの短い音に続いて長い音が鳴るという時間の刻みです。このような時間の刻みを**リズム**といいます。この時報は、音符で次のように表せます。

この時報は、等間隔の時間の刻みを感じさせます。この刻みを**拍**（ビート）といいます。さらに最初の3つの刻みと続く長い音は、それぞれ拍3つ分を持っています。1・2・3、1・2・3と心で数えながら、この合図を歌うと、3拍ずつの周期を感じます。このような、拍の周期性（強・弱で感じる）を**拍子**といいます。この場合は、3拍子です。

拍子の代表的なものは、2拍子（強－弱）、3拍子（強－弱－弱）、4拍子（強－弱－中強－弱）で、これらを単純拍子といいます。拍子を表す $\frac{2}{4}$、$\frac{3}{4}$、$\frac{4}{4}$ を**拍子記号**といいます。分母は1拍に数える音符の種類、分子は1小節内の分母の音符の数を表します。

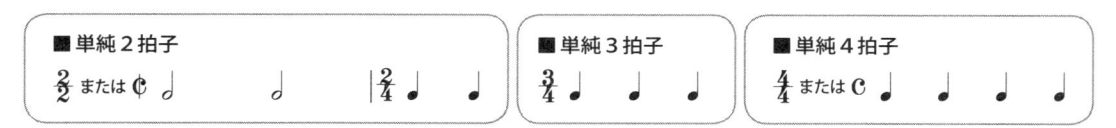

拍子には、ほかに1拍がさらに小さい3つの刻みからなる複合拍子、また、異なる単純拍子が組み合わされた混合拍子と呼ばれるものもあります。複合拍子には、6拍子、9拍子、12拍子などが、混合拍子には、5拍子、7拍子などがあります。

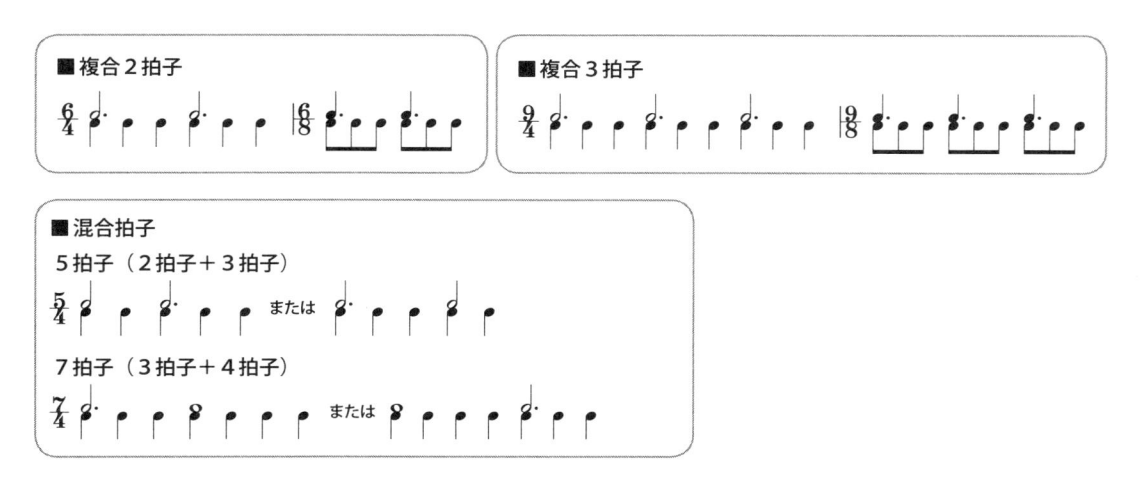

（2）小節・小節線

　拍子は、拍子記号で表示しました。記譜法では、拍の周期をよりわかりやすくするために、五線を垂線で区切ります。この垂線を**小節線**または**縦線**、区切られた区間を**小節**といいます。縦線には、2本のものもあります。2本とも同じ太さのものは**複縦線**と呼ばれ、曲の段落を示します。右側が太いものは、**終止線**と呼ばれ、曲の終了を示します。

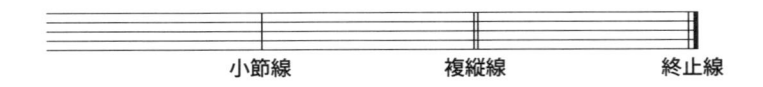

小節線　　　複縦線　　　終止線

5　音の響き

（1）音程

　高さの違う2音間の高低関係を**音程**といいます。音程を表す単位は、「度」です。同じ高さは1度または同度、隣り合った音程は2度、以降広くなるに従って3度、4度、……7、8度といいます。8番目は同じ音名の音なので、1オクターヴ（octve〔仏〕8の意）というより大きな単位で呼びます。1オクターヴ以内の音程を単音程といいます。

1度、同度　　2度　　3度　　4度　　5度　　6度　　7度　　8度、1オクターヴ

　幹音（ピアノの白鍵）の隣り合った2音はすべて2度です。しかし、同じ2度音程でも広さが違います。ハーニやニーホの間には黒鍵がありますが、ホーへの間にはありません。隣り合った鍵盤の音程は半音です。半音の2倍の広さを全音といいます。ということは、ホーへの音程は半音、ハーニやニーホの音程は全音となります。

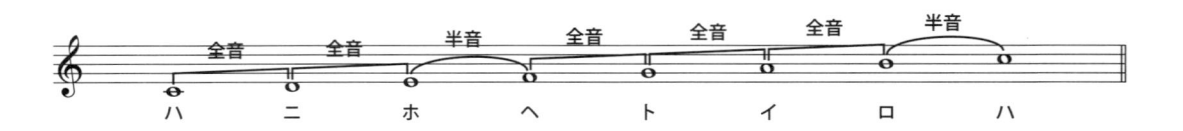

全音　全音　半音　全音　全音　全音　半音
ハ　ニ　ホ　ヘ　ト　イ　ロ　ハ

　全音も半音もどちらも2度ですが、度数表示では全音を長2度、半音を短2度と呼びます。長・短で音程の違いを区別するのは、このほか3度、6度、そして7度があります。1度と8度の関係にある2つの音は同音であり、それらは完全に協和する音という意味から、完全1度、完全8度と

いいます。また、4度や5度も協和度が高いので、これらも完全を用います。

次に幹音同士でつくられる音程を例示しました。

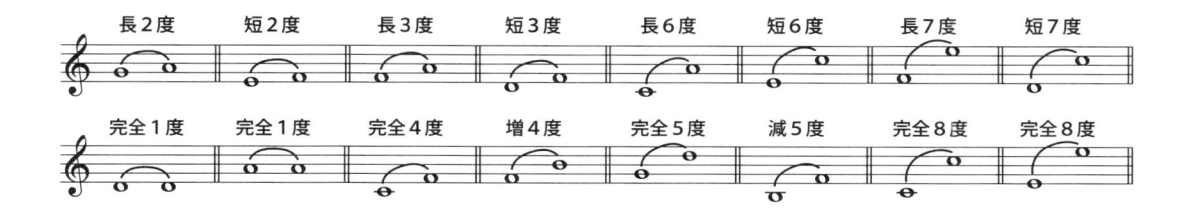

長・短音程、完全音程が変化記号によって、変化を受けると次のように名称が変わります。表の＋、－は、半音1つ分の増減の意味です。

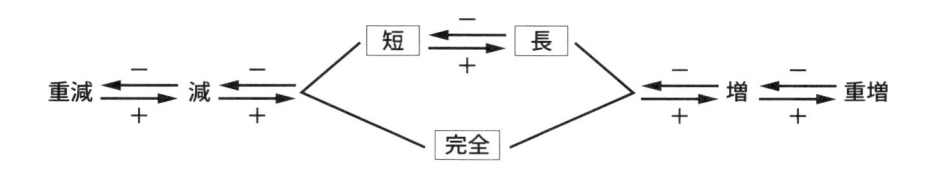

（2）音階

ある特定の音程関係によって1オクターヴ内に構成された音列を**音階**といいます。代表的な音階は、**長音階**と**短音階**です。

☐ 長音階

長音階の各音は、「ド・レ・ミ・ファ・ソ・ラ・シ・ド」の名称で呼ばれます。これを階名といいます。長音階は、「全音－全音－半音」の2つのテトラコードが全音で結ばれた、音程構造でできています。テトラ（tetra）はギリシャ語で4の意味です。

音階各音は、初めの音から順に小文字のローマ数字を付して、ⅰ（1度）、ⅱ（2度）……と呼びます。第ⅰは**主音**とも呼び、その音階を代表します。譜例の音階は、主音の音名をとって、ハ調長音階といいます。このほか、第ⅳは**下属音**、第ⅴは**属音**、第ⅶは**導音**と呼び、それぞれ役割を持っています。音階は1オクターヴ以内のすべての音を主音として構成することができます。

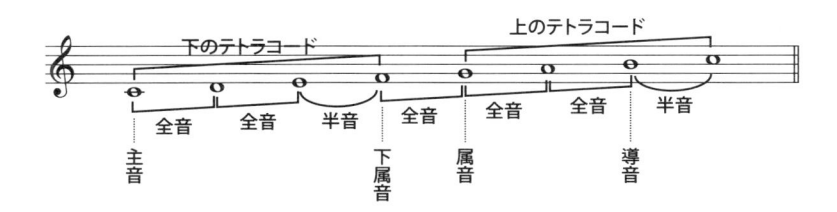

■短音階

短音階の各音の階名は「ラ・シ・ド・レ・ミ・ファ・ソ・ラ」です。譜例の短音階は、主音の音名がイ音なので、イ調短音階といいます。これを自然短音階といいます。このほか、短音階には、和声短音階と旋律短音階があります。

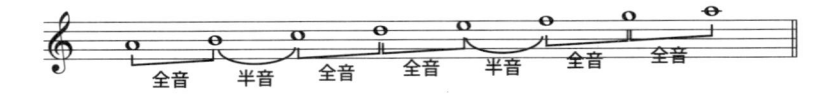

和声短音階は、第viiを半音高くして、導音の働きを強めたものです。また、旋律短音階は、和声短音階の第viと第viiに生じた増2度を、第viも半音高くして歌いやすくしたものです。下行の場合は、第viiは主音に進行しません。したがって、第viiは、導音としての機能を持たないので自然短音階のままとなります。

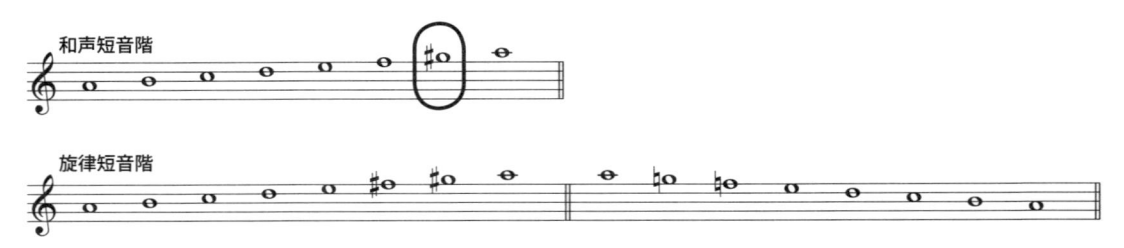

（3）調

主音や主和音（主音の上に構成される和音）を中心に統一された音組織を**調**といいます。

長音階は、「全音－全音－半音」の2つのテトラコードが全音で結ばれた音程構造でできていました。つまり「ド・レ・ミ・ファ」と「ソ・ラ・シ・ド」は同じ音程構造ということです。便宜上2つのテトラコードを「下の」、「上の」と呼び分けます。ここで上のテトラコードの上にさらに「全音－全音－半音」のテトラコードをつくると、第viiに嬰ヘ音を持つト音から始まるト調長音階ができます。嬰ヘ音はト調長音階の固有音なので、音部記号のすぐ右側のヘ音の位置に♯（嬰記号）を書き込みます。これを**調号**といいます。

さらに、ト調長音階の上のテトラコードの上にさらに「全音－全音－半音」のテトラコードをのせると、嬰ハ音が新たに加わり、嬰ヘ音と嬰ハ音を固有音にもつニ調長音階ができます。この作業を繰り返すと、1オクターヴ以内の幹音すべてが♯となる嬰ハ調長音階まで、7つの調が得られます。

また、音階の下のテトラコードの下方に「全音－全音－半音」のテトラコードをつくると、ヘ音から始まるヘ調長音階が得られます。ヘ調長音階のその固有音は、変ロ音です。同様にこの作業を繰り返すと、1オクターヴ以内の幹音すべてが♭となる変ハ調長音階まで、7つの調が得られます。

（4）和音

　高さの違う複数の音を同時に鳴らした時の響きを和音といいます。和音は、一般に串刺し団子のような形をしています。116ページ「楽音」のハ音の倍音を見ると、その倍音構成は「ドミソ」であることがわかります。つまり和音は、その音自身の部分音なのです。このように3つの音で構成される和音を三和音といい、和音の構成音を下から**根音**、**第3音**、**第5音**と呼びます。また、和音には、三和音にさらに7度の音を加えた、**七の和音**もあります。七の和音では、ｖ度上の七の和音である**属七の和音**が最もよく用いられます。

　三和音には、根音と第3音、および根音と第5音の音程関係の違いにより、4つの種類があります。

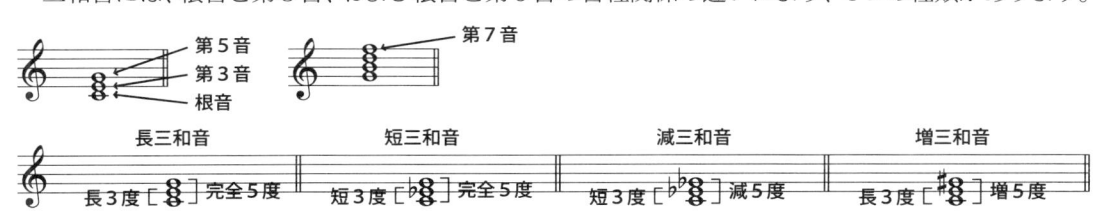

■転回形

三和音には、最低音の違いから、**基本形**、**第1転回形**、**第2転回形**の形があります。それらを和音記号では、基本形がⅠ、第1転回形がⅠ$_6$、第2転回形がⅠ$_4^6$と表します。和音は、根音とその倍音を構成音として成立しています。したがって、基本形は、和音構成音と根音の倍音が一致します。しかし、転回形では、それが一致しません。その結果、構成音が同じであっても最低音の音が違うと、響きも微妙に違ってきます。

音階上には、7つの和音をつくることができます。和音の呼び方は、Ⅰは1度の和音、Ⅱは2度の和音……といいます。

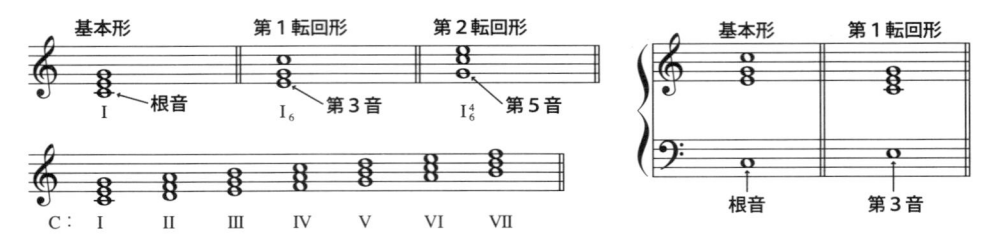

■機能和声

音階上には、Ⅰ～Ⅶの7つの和音をつくることができます。これらは、音楽を構成する上で違った役割を果たします。この役割を機能といいます。次に和音の機能と、それらの機能をもつ和音を示します。

機能	和音	
	主	副
トニック　Tonic（Tと略す）	Ⅰ	Ⅵ　＊Ⅲ
ドミナント　Dominant（Dと略す）	Ⅴ	Ⅶ　＊Ⅲ
サブドミナント　Subdominant（Sと略す）	Ⅳ	Ⅱ

＊Ⅲは、使用法によってその機能が変わります。

トニック（T）……………主格の働きを持つ。文章に例えると、主語の働きといえる。
ドミナント（D）…………文章に例えると、述語の働きといえる。Ⅴがこの性質を強く持ち、その第3音が導音のため主和音へ進もうとする。
サブドミナント（S）……音楽に変化を与える働きがあり、文章にたとえると形容詞や副詞のような役割を持つといえる。

これら3機能の働きを強く持つⅠ、Ⅳ、Ⅴを主要三和音、それに対しⅡ、Ⅲ、Ⅵ、Ⅶを副三和音と呼びます。

■カデンツ（終止形）

複数の和音を連結して運用することを和声、また、その運用の方法を和声法といいます。和声法の基本は、**カデンツ（終止形）**と呼ばれ、次の3種類があります。

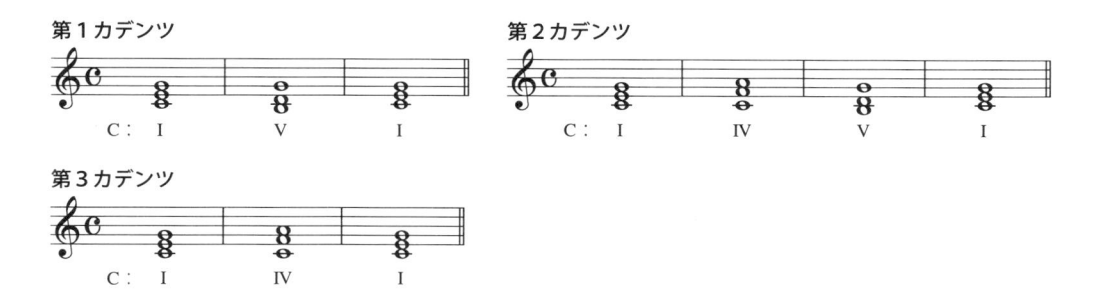

第1カデンツは、いわゆる「気をつけ、礼、直れ」の響きで、和音進行の原型といえます。**第2カデンツ**は、3つの機能の和音を含む基本形です。**第3カデンツ**はVを持たない変形で、賛美歌の最後に歌われるアーメンの響きから、**アーメン終止**とも呼ばれます。

本書では、第2カデンツを用いて簡易伴奏、移調、即興演奏などで応用練習します。

□コードネーム法

和音記号は、同じⅠであってもハ長調とト長調では構成音が異なります。したがって、和音記号を用いて自由に伴奏や即興演奏するには、すべての調のⅠ、Ⅳ、Ⅴの実音を記憶しなければならず、かなりの練習が必要です。コードネーム法は、そのような問題を解決するよい方法です。三和音の4種類をコードネームで表すと、次のようになります。

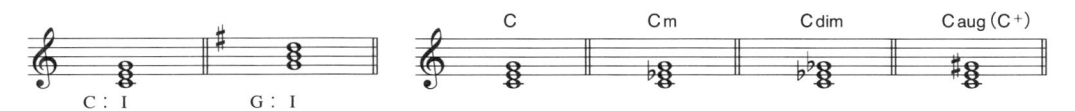

コードネームでは、英語音名が根音を、その右の文字が和音の性質を示しています。文字のない場合はメイジャーコード（長三和音 major）です。m（minor の略）は短三和音、dim（diminished の略）は減三和音、aug（augmented の略）は増三和音です。また、7（seventh の略）は属七の和音です。コードネーム法は、その記号から根音を知ることができるので、m、dim、7 などの意味を知っておけば、簡単に和音の実音を知ることができます。
　次によく使われるコードネームを根音Cで表した一覧を示しておきます。

	コードネーム	和音の種類	呼び方
	C	長三和音 Major chord	Cメイジャー （略してC）
	Cm（C-）	短三和音 Minor chord	Cマイナー
	C7	属七の和音 Dominant 7th	Cセブン
	Cm7（C-7）	短七の和音 Minor 7th	Cマイナーセブン
	CM7 Cmaj7	長七の和音 Major 7th	Cメジャーセブン
	C+ Caug	増三和音 Augmented chord	Cオーグメント
	Cdim	減七の和音 Diminished chord	Cディミニッシュ
	C6	付加六の和音 Major 6th	Cシックス
	Cm6	付加六の和音 Minor 6th	Cマイナーシックス
	C7(9) (C9)	属九の和音 9th chord	Cナイン
	Csus4 (C4)	掛留和音 Suspended chord	Cサスフォー
	C7sus4	掛留和音 Suspended chord	Cセブンスサスフォー

6 楽語・記号

（1）強さの表示

音楽では、強さは強弱記号と呼ばれる記号を用いて示します。強弱記号には、一定の長さのフレーズに対するものと、特定の1音に対するものなどがあります。

強さは、強く *f*（forte フォルテ）と弱く *p*（piano ピアノ）を基本とし、それらに付加語（*mezzo* メッゾ）や接尾語（*-ssimo* －ッシモ）を用いて表しています。これらの語は、イタリア語です。以下欧文語は特に表示のない場合は、イタリア語です。

一定の長さのフレーズに対するもの

記号	意味	スペリングと発音
ppp	極めて弱く	pianississimo　ピアニッシシモ
pp		pianissimo　ピアニッシモ
p	弱く	piano　ピアノ
mp	やや弱く	mezzo piano　メッゾ・ピアノ
mf	やや強く	mezzo forte　メッゾ・フォルテ
f	強く	forte　フォルテ
ff	極めて強く	fortissimo　フォルティッシモ
fff		fortississimo　フォルティッシシモ

次の表は、特定の音をその前後の音に比べて強く演奏すること（これをアクセント accento〔英〕という）を指示する記号です。

記号（略）	意味	スペリングと発音
sf *sfz*	強く	sforzando　スフォルツァンド sforzato　スフォルツァート
fz		forzato　フォルツァート
rf *rfz* *rinf*		rinforzato　リンフォルツァート rinforzando　リンフォルツァンド
＞、∧		accento〔英〕　アクセント

次の表は、強さを暫時変化させる時に用いるものです。

記号	意味	スペリングと発音
cresc.　＜	だんだん強く	crescendo　クレシェンド
dim.	だんだん弱く	diminuendo　ディミヌエンド
decresc.　＞		decrescendo　デクレシェンド

（2）速さ（テンポ）の表示

音楽では、速さの表示は、数字を用いる場合と速度用語を用いる場合があります。速度記号には、楽曲全体に対するものと、楽曲の途中で速さを変更するものがあります。

数字を用いる場合

次の表は、速さを示す基本用語です。

用語	読み方	意味
Largissimo	ラルギッシモ	きわめて遅く
Adagissimo	アダージッシモ	
Lentissimo	レンツィッシモ	
Largo	ラルゴ	遅く
Adagio	アダージョ	
Lento	レント	
Larghetto	ラルゲット	やや遅く
Adagietto	アダジェット	
Andante	アンダンテ	
Andantino	アンダンティーノ	
Moderato	モデラート	中ぐらいの速さで
Allegretto	アレグレット	やや速く
Allegro	アレグロ	速く
Vivace	ヴィヴァーチェ	
Presto	プレスト	
Allegrissimo	アレグリッシモ	きわめて速く
Vivacissimo	ヴィヴァーツィッシモ	
Prestissimo	プレスティッシモ	

■接尾語と付加語

速さの場合も、強さの場合と同様に接尾語や付加語を用いてその程度を細かく示します。ここで接尾語、付加語について整理しておきましょう。

接尾語

接尾語	意味	例
—issimo	きわめて—に （付加された語の意味を強調する）	**Largissimo** きわめて遅く
—ino／—etto	やや—に （付加された語の意味を弱める）	**Andantino** やや遅く **Allegretto** やや速く

付加語

付加語	意味	例
mezzo	半分の （付加された語の意味を弱める）	
molto	きわめて	molto vivace　きわめて速く
assai	十分に	Adagio assai　きわめて遅く
poco／un poco	少し	
sempre	常に	
quasi	〜のように	
（ma）non troppo／ （ma）non tanto	（しかし）はなはだしくなく	Allegro（ma）non troppo 速く、（しかし）はなはだしくなく

◻︎曲のスタイルを指示するするもの

特定の曲のスタイルを指示することもあります。

用語	読み方	意味
Tempo di Marcia	テンポ　ディ　マルチャ	行進曲の速度
Tempo di Minuetto	テンポ　ディ　ミヌエット	メヌエットの速度

◻︎楽曲の途中で速さを変更するもの

曲の途中で速さを変更する用語には、一定区間に対するものと、一時的なものとがあります。

一定区間を変える場合

用語	読み方	意味
più mosso	ピウ　モッソ	今までより速く（più より多くの意）
meno mosso	メーノ　モッソ	今までより遅く（meno より少なくの意）

一時的に変える場合

用語	読み方	意味
accelerando（accel.）	アッチェレランド	だんだん速く
stringendo（string.）	ストリンジェンド	
ritardando（rit.）	リタルダンド	だんだん遅く
rallentando（rall.）	ラレンタンド	

楽曲の途中で変更した速度を元にもどすには、次のような用語が用いられます。

用語	読み方	意味
a tempo	ア　テンポ	もとの速さで
Tempo I （Tempo primo）	テンポ　プリモ	最初の速さで

速さに関する用語には、そのほかの次のようなものがあります。

用語	読み方	意味
L'istesso tempo	リステッソ　テンポ	同じ速さで
Tempo giusto	テンポ　ジュスト	正確な速さで
Tempo rubato	テンポ　ルバート	盗まれた速さで
A piacere	ア　ピアチェーレ	任意に
Ad libitum（ad lib.)	アド　リビトゥム	自由に

　L'istesso tempo は、楽曲の途中で拍子が変更された場合、それらの拍子の基準となる音符を同じ速さで演奏することを指示するものです。**Tempo rubato** は、「盗まれた速さで」の意味が転じて、自由な速さで演奏することを指示する時に用いられます。

（3）奏法

　楽譜の音をどのように演奏するか、演奏方法によって音楽の印象が変わってきます。また、楽器による演奏方法の違いもあります。ここでは、一般によく用いられるものを紹介します。

レガート legato とノン・レガート non legato

　演奏では、旋律などの各音を滑らかに続けるか、1音1音切るかの2つの方法が考えられます。滑らかに続ける演奏法をレガート、1つひとつ切るものをノン・レガートといいます。レガートの指示には、スラー（slur〔英〕）と呼ばれる弧線を用います。スラーで結ばれていない場合は、ノン・レガートの意味です。

スタッカート staccato（略 stacc.）

　スタッカートは、音を短く切る演奏法で、符頭に点を付すか、stacc.の言葉を付記します。スタッカートの場合も、本来の意味を強める接尾語（-ssimo －ッシモ）、弱める付加語（mezzo メッゾ）による、スタッカティッシモ、メッゾ・スタッカートもあります。

テヌート tenuto（略 ten.）

スタッカートとは逆に、音符の長さを十分に保って演奏する奏法です。

タイ tie〔英〕

同じ高さの複数の音符に弧線を付して、それらの音符をつないで演奏することを示すものです。

マルカート marcato（略 marc.）

1つひとつの音をはっきりと演奏する奏法です。

ポルタメント portamento

ある音から高さの違う音へ移る時、跳躍的にではなく滑らかに演奏する奏法です。

アルペッジョ arpeggio

和音の奏法の一種で、和音の構成音を同時にではなく、低いほうの音から（または高いほうの音から）順次ずらして演奏する奏法をいいます。

グリッサンド glissando（略 gliss.）

「滑る」という意味のフランス語 glisser に由来するもので、ヴァイオリン属、ピアノなどで用いられる。

トレモロ tremolo

イタリア語の形容詞「震えている」に由来するもので、ある音を極めて速く反復させる奏法です。打楽器、弓で弦を擦るヴァイオリン属などで非常に効果的です。ピアノでは、異なる高さの2音以上で用いられるのが一般的です。

フェルマータ fermata

イタリア語で「停止、休止」という意味で、拍の進行を停止することを示すものです。一般的な用法には、音符や休符につけて一時的に拍の流れを停止させ、音符や休符の時間を延長する場合と、複縦線につけて楽曲の終わりを示す場合があります。

■楽器の奏法

楽器には、楽器本来の演奏方法に加えて、その楽器特有の演奏方法があります。ピアノや管楽器など、日頃接する機会が多いと思われる楽器の奏法について紹介します。

ピアノ

用語	読み方	意味
Pedal（略 ped.）	ペダル	サスティン・ペダル（右側のペダル）を使用して
una corda（「1弦」の意味）	ウナ・コルダ	弱音ペダル（左側のペダル）を踏んで
tre corde（「3弦」の意味）	トレ・コルデ	弱音ペダルを離して
m.d.（mano destora の略）	マーノ・デストラ	右手で
m.s.（mano sinistra の略）	マーノ・シニストラ	左手で

そのほかの奏法

用語	読み方	意味
con sordino	コン・ソルディーノ	弱音器をつけて
senza sordino	センツァ・ソルディーノ	弱音器を外して
pizzicato（略 pizz.）	ピッツィカート	指で弦をはじいて（弦楽器に用いる）
arco（略 arc.）	アルコ	弓を使って（弦楽器に用いる）

（4）装飾音・装飾記号

旋律に付加された小音符は、**装飾音**と呼ばれるものです。装飾音には、旋律を飾る、旋律の音を強調するなどの働きがあります。旋律の装飾方法には、独特の記号が用いられることもあります。これを**装飾記号**といいます。次に装飾音・装飾記号について紹介します。

■前打音

前打音には、次のようなものがあります。記譜と奏法を記しました。

長前打音　　　　　短前打音　　　　　複前打音

■装飾記号

装飾記号には、モルデント、プラルトリラー、トリル、ターンなどがあります。

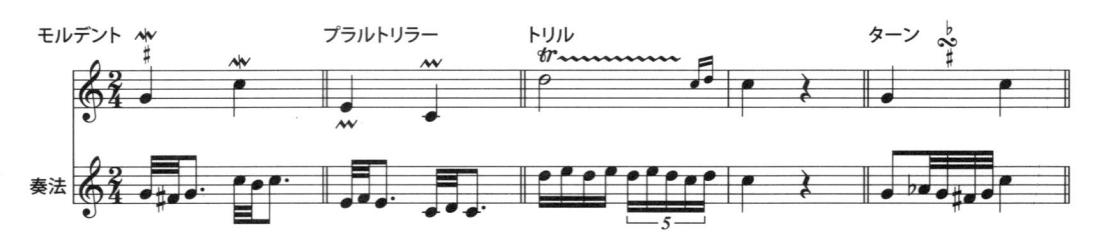

モルデント　　プラルトリラー　　トリル　　ターン

（5）略記法

　楽譜を書くことは、大変手間のいる仕事です。そこで、作業軽減と貴重な紙の節約のために、記譜の省略方法（略記法という）が発達しました。略記法を導入することによって、楽譜が簡略化され読譜も楽になります。次に略記法について紹介します。

☐ 小節に対するもの（反復記号）

　反復記号は、特定の区間を繰り返すことを指示するものです。1番括弧は1回目に、2番括弧は2回目に演奏します。

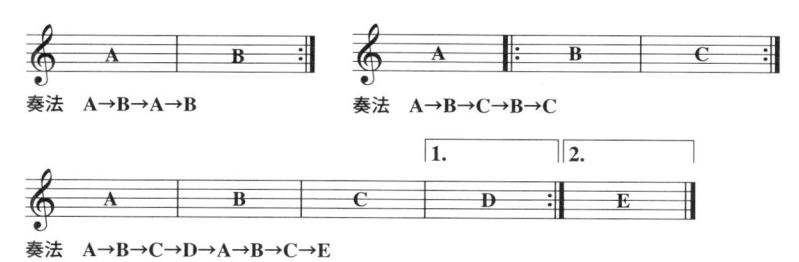

奏法　A→B→A→B　　　　奏法　A→B→C→B→C

奏法　A→B→C→D→A→B→C→E

　D.C.（*da capo* ダ・カーポ）は「最初に戻れ」の意味で、最初に戻って***Fine***か𝄐で終わります。

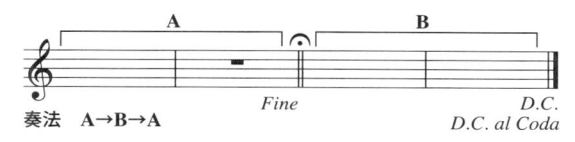

奏法　A→B→A　　Fine　　　　D.C.
　　　　　　　　　　　　　D.C. al Coda

　D.S.（*dal segno* ダル・セーニョ）は「記号に戻れ」の意味で、𝄋の記号まで戻って***Fine***か𝄐で終わります。

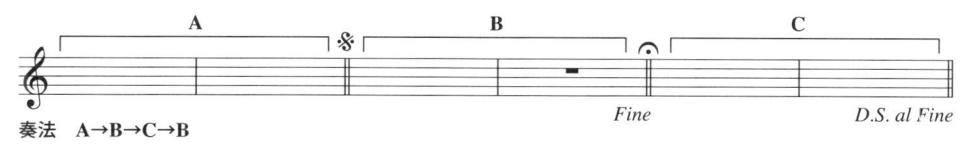

奏法　A→B→C→B　　　　Fine　　　　D.S. al Fine

☐ 音符に対するもの

（6）曲想

　音符だけが記された楽譜では、その楽譜をどのような音楽として演奏すればよいかはっきりしません。そこで、曲の感じ（これを曲想という）を指示する言葉が多く用いられます。これを**発想標語**といいます。

　次の表は、比較的よく用いられる発想標語です。

用語	読み方	意味
agitato	アジタート	激して
alla marcia	アッラ　マルチャ	行進曲風に
amabile	アマービレ	愛らしく
animato	アニマート	活気をもって
appassionato	アパッショナート	情熱的に
brillante	ブリッランテ	華やかに
cantabile	カンタービレ	歌うように
capriccioso	カプリッチオーソ	気まぐれに
comodo（*commodo*）	コモド	気楽に
con brio	コン　ブリオ	生き生きと
con espressione	コン　エスプレッシオーネ	表情を込めて
con fuoco	コン　フオーコ	熱烈に
con moto	コン　モート	動きをつけて
con spirito	コン　スピリト	元気に
dolce	ドルチェ	柔らかに
dolente	ドレンテ	悲しげに
elegante	エレガンテ	優雅に
elegiaco	エレジーアコ	悲しく
espressivo	エスプレッシーヴォ	表情豊かに
feroce	フェローチェ	野生的にはげしく
grandioso	グランディオーソ	堂々と
grazioso	グラツィオーソ	優雅に
lamentabile	ラメンタービレ	悲しげに
leggiero	レッジェーロ	軽く
maestoso	マエストーソ	威厳をもって
misterioso	ミステリオーソ	神秘的に
nobilmente	ノビルメンテ	上品に
pastorale	パストラーレ	牧歌風に
pesante	ペサンテ	重々しく
religioso	レリジオーソ	敬虔に
risoluto	リソルート	決然と
scherzando	スケルツァンド	ふざけるように
sostenuto	ソステヌート	音の長さを十分に保って
spiritoso	スピリトーソ	元気に
tranquillo	トランクィッロ	穏やかな

7 形式

（1）動機、小楽節、大楽節、1部形式

　音楽は、言語における文字のように、音楽の構成音を記譜法によって視覚化しています。文字による文学、特に俳句や詩などには明確な形式があります。音楽も同じです。文章は、単語、句、文のように、小から大へと構成単位が広がっていきます。音楽の場合、形式の構成要素はリズムで、その構成単位は動機、小楽節、大楽節と広がっていきます。譜例は、イギリス民謡『ロンドン橋が落ちる』を4分の4拍子で記譜したものです。

　形式の最小単位は2小節で、これを動機といいます。動機が2つ連結されたものを小楽節、さらに小楽節が2つ連結されたものを大楽節といいます。音楽作品の最小単位は、大楽節1つから成る8小節の曲です。これを1部形式の曲といいます。

　そして曲の構成は、動機のリズム形で判断します。第1動機のリズム形をアルファベットの小文字を用いてaと表し、第2動機以降のリズム形と比較します。同じ場合はa、違えばb、cと判断していきます。『ロンドン橋が落ちる』の動機構造は、a－b・a－cです。動機構造には、①すべて同じもの（a－a・a－a）、②2つのリズム形によるもの（a－b・a－b）、③3つのリズム形によるもの（a－b・a－c）、④4つとも違うもの（a－b・c－d）などが考えられます。『ロンドン橋が落ちる』の第1動機のリズム形を使って、これらの動機構造を例示してみましょう。

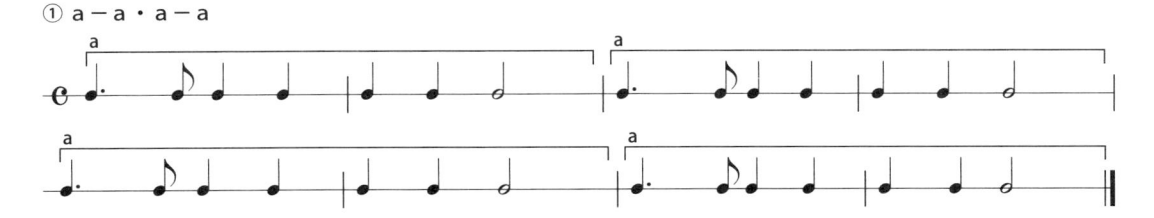

① a－a・a－a

② a－b・a－b

③ a－b・a－c 『ロンドン橋が落ちる』

④ a－b・c－d

（2） 2部形式・3部形式

　2部形式は、大楽節2つ（16小節）から成るものです。『故郷』は、1つ目の大楽節がa－b・a－b、2つ目がc－d・a－bと、2つの大楽節のリズム構造は違っています。この曲は、2つの大楽節のリズム構造がA－Bの関係にある2部形式です。

　3部形式は、大楽節3つ（24小節）から成るものです。これには『七つの子』（野口雨情・作詞／本居長世・作曲）、『大きな古時計』（安富康午・訳詩／ワーク・作曲）などがあります。また変則的なものとして、12小節から成るものもあり、これには『ぶんぶんぶん』（ボヘミヤ民謡）、『お正月』（東くめ・作詞／滝廉太郎・作曲）などがあります。

　1部形式、2部形式、3部形式は、形式の基本となるもので、単純形式と呼ばれます。形式には、これより規模の大きい複合2部形式、複合3部形式、さらに大きいソナタ形式、ロンド形式などがあります。これらについては、専門書を参照してください。

資　料

音階一覧
長音階

ハ調長音階

ヘ調長音階　　　　　　　　　　　　　　ト調長音階

変ロ調長音階　　　　　　　　　　　　　ニ調長音階

変ホ調長音階　　　　　　　　　　　　　イ調長音階

変イ調長音階　　　　　　　　　　　　　ホ調長音階

変ニ調長音階　　　　　　　　　　　　　ロ調長音階

変ト調長音階　　　　　　　　　　　　　嬰ヘ調長音階

変ハ調長音階　　　　　　　　　　　　　嬰ハ調長音階

短音階

イ調和声短音階

ニ調和声短音階　　　　　　　　　　　　ホ調和声短音階

ト調和声短音階　　　　　　　　　　　　ロ調和声短音階

ハ調和声短音階　　　　　　　　　　　　嬰ヘ調和声短音階

ヘ調和声短音階　　　　　　　　　　　　嬰ハ調和声短音階

変ロ調和声短音階　　　　　　　　　　　　　　嬰ト調和声短音階

変ホ調和声短音階　　　　　　　　　　　　　　嬰ニ調和声短音階

変イ調和声短音階　　　　　　　　　　　　　　嬰イ調和声短音階

音階上の和音の一覧
長音階

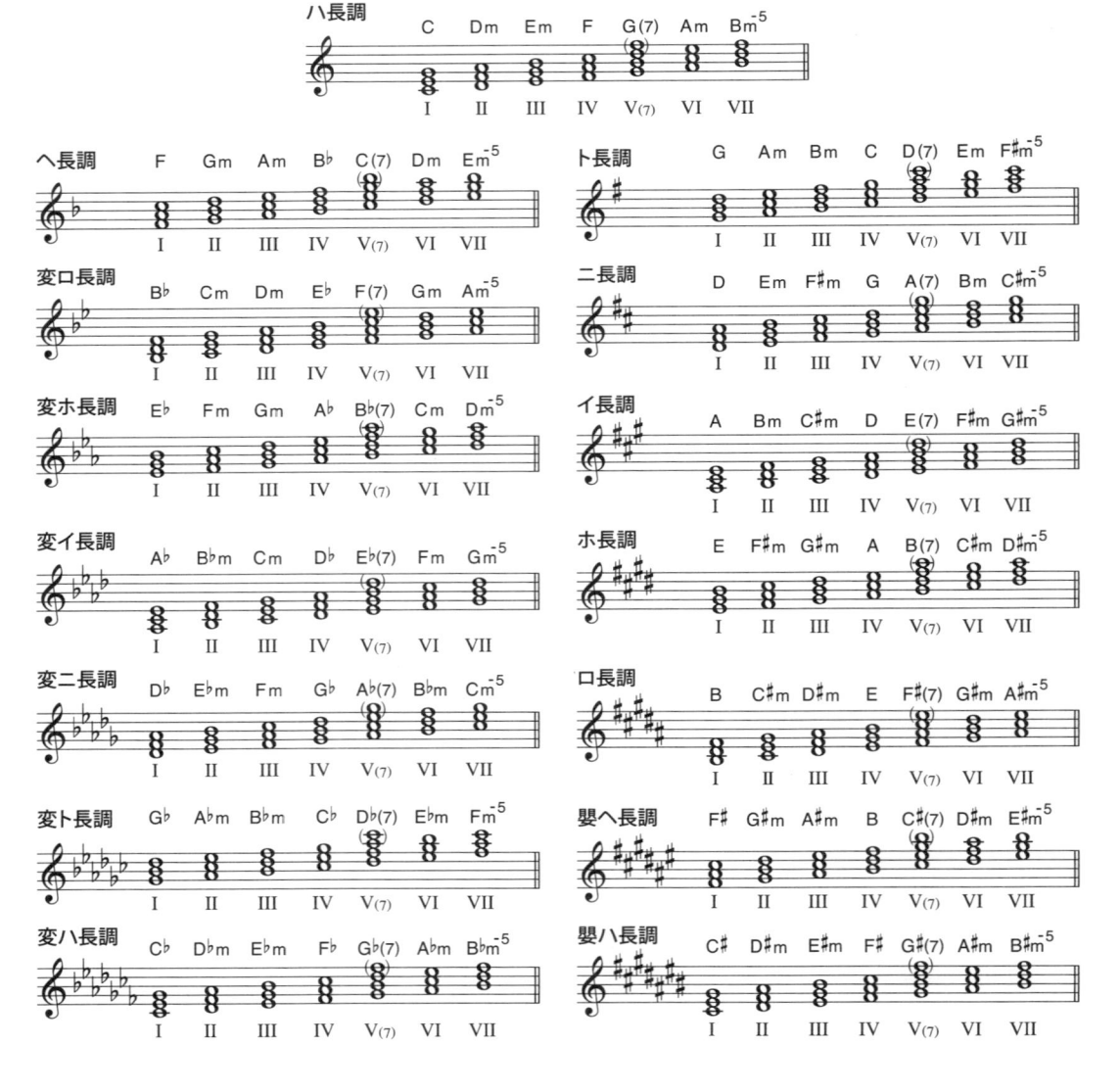

ハ長調　C　Dm　Em　F　G(7)　Am　Bm⁻⁵
　　　　I　II　III　IV　V(7)　VI　VII

ヘ長調　F　Gm　Am　B♭　C(7)　Dm　Em⁻⁵
　　　　I　II　III　IV　V(7)　VI　VII

ト長調　G　Am　Bm　C　D(7)　Em　F♯m⁻⁵
　　　　I　II　III　IV　V(7)　VI　VII

変ロ長調　B♭　Cm　Dm　E♭　F(7)　Gm　Am⁻⁵
　　　　I　II　III　IV　V(7)　VI　VII

ニ長調　D　Em　F♯m　G　A(7)　Bm　C♯m⁻⁵
　　　　I　II　III　IV　V(7)　VI　VII

変ホ長調　E♭　Fm　Gm　A♭　B♭(7)　Cm　Dm⁻⁵
　　　　I　II　III　IV　V(7)　VI　VII

イ長調　A　Bm　C♯m　D　E(7)　F♯m　G♯m⁻⁵
　　　　I　II　III　IV　V(7)　VI　VII

変イ長調　A♭　B♭m　Cm　D♭　E♭(7)　Fm　Gm⁻⁵
　　　　I　II　III　IV　V(7)　VI　VII

ホ長調　E　F♯m　G♯m　A　B(7)　C♯m　D♯m⁻⁵
　　　　I　II　III　IV　V(7)　VI　VII

変ニ長調　D♭　E♭m　Fm　G♭　A♭(7)　B♭m　Cm⁻⁵
　　　　I　II　III　IV　V(7)　VI　VII

ロ長調　B　C♯m　D♯m　E　F♯(7)　G♯m　A♯m⁻⁵
　　　　I　II　III　IV　V(7)　VI　VII

変ト長調　G♭　A♭m　B♭m　C♭　D♭(7)　E♭m　Fm⁻⁵
　　　　I　II　III　IV　V(7)　VI　VII

嬰ヘ長調　F♯　G♯m　A♯m　B　C♯(7)　D♯m　E♯m⁻⁵
　　　　I　II　III　IV　V(7)　VI　VII

変ハ長調　C♭　D♭m　E♭m　F♭　G♭(7)　A♭m　B♭m⁻⁵
　　　　I　II　III　IV　V(7)　VI　VII

嬰ハ長調　C♯　D♯m　E♯m　F♯　G♯(7)　A♯m　B♯m⁻⁵
　　　　I　II　III　IV　V(7)　VI　VII

短音階

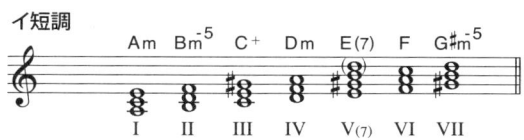

両手カデンツ（7調）

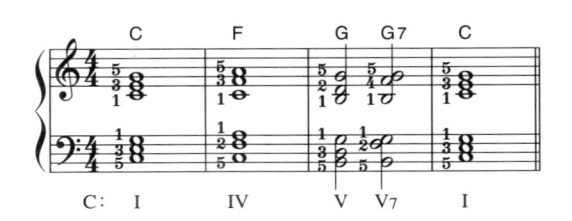

7調とも同じ指使いで練習する

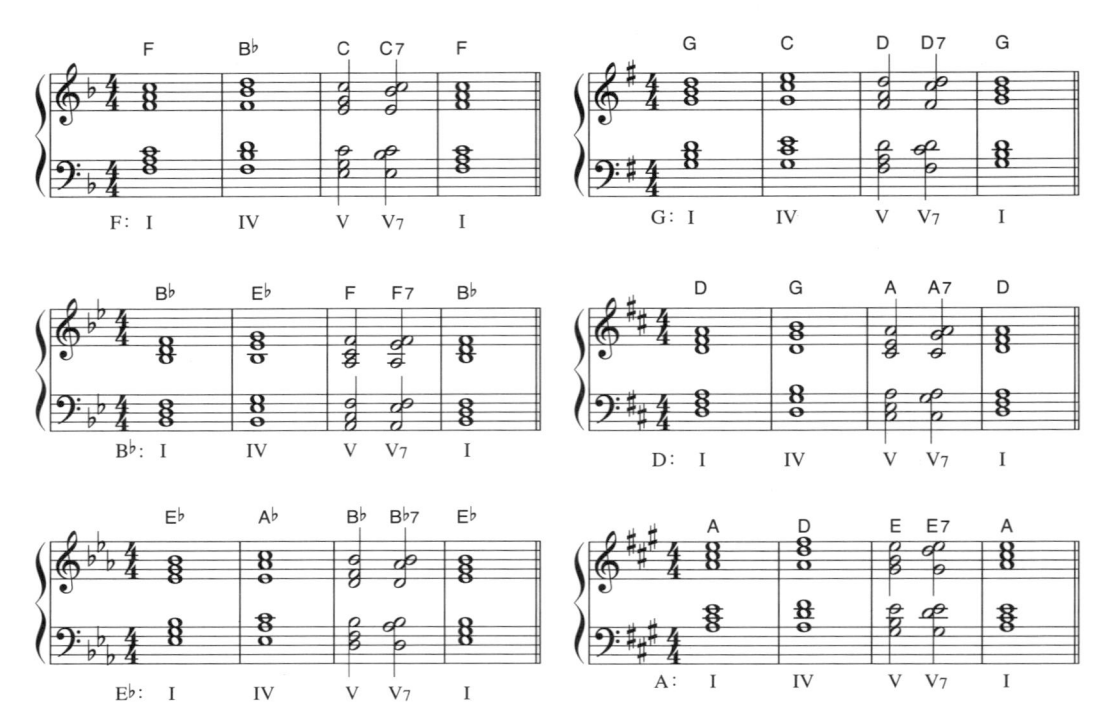

参考文献

■歌唱
加藤友康著「こえの知識」（鳩の森書房），1997
中・四国大学音楽教育学会編纂「楽しくなる音楽講座」（ATN），1991

■ソルフェージュ
中目徹監修「現代の幼児音楽教育法」（東亜音楽社），1979
和田健治編著「即興伴奏と変奏」（レッスンの友社），1988
新井賢治、松本清共編「うたうソルフェージュ1001曲　楽しい導入編」（音楽之友社），1996
新井賢治、他共編「うたうソルフェージュ1001曲　基礎編」（音楽之友社），1994

■表現
大畑祥子編著「保育内容　音楽表現の探究」（相川書房），1997
「幼稚園教育要領解説」（フレーベル館），1999
「幼稚園教育要領・保育所指針（原本）」（チャイルド本社），2000
R・マリー・シェーファー著（鳥越けい子共訳）「サウンド・エデュケーション」（春秋社），1992
ドロシー・T・マクドナルド、ジェーン・M・サイモンズ著（神原雅之共訳）「音楽的成長と発達――誕生から6歳まで」（渓水社），1999
エミール・ジャック＝ダルクローズ共著（板野平訳）「リズムと音楽と教育」（全音楽譜出版社），1975
フランク・マルタン共著（板野平訳）「作曲家・リトミック創始者エミール・ジャック＝ダルクローズ」（全音楽譜出版社），1977
R・エイブラムソン共著（板野和彦訳）「音楽教育メソードの比較」（全音楽譜出版社），1944
井上恵理「からだのなかからひと息フ～！」（月刊クレヨン5月、クレヨンハウス），2000
井上恵理「足音ってどんな音？」（月刊クレヨン7月、クレヨンハウス），2000
小林美実「幼児期の表現、その考え方と教育法」（保育学研究第40巻第1号），2002
今村方子「保育者養成の新たな視点――ある音楽作品創作のための保育実践を通して」（音楽教育実践ジャーナル vol. 1　No. 2），2004
岡本紘子編著「実習に役立つ表現遊び」（北大路書房），2004
畑玲子共著「幼稚園・保育園のわらべうたあそび」（明治図書），1995
永田栄一著「日本のわらべうた遊び35」（音楽之友社），1981
後藤田純生著「世界のあそび歌35」（音楽之友社），1975
コダーイ芸術教育研究所著「いっしょにあそぼうわらべうた」（明治図書），1997

■楽典
近森一重著「新訂　音楽通論」（音楽之友社），1949
山縣茂太郎著「音楽通論」（音楽之友社），1957
石桁真礼生著「楽典　理論と実習」（音楽之友社），1965
諸井三郎著「楽式の研究I　基礎楽式」（音楽之友社），1961
小木曽薫著「ピアノとともに学ぶ　音楽の理論」（音楽之友社），1971
音楽教育研究会著「学生の音楽通論」（音楽教育社），1980
「総合音楽講座　コード進行法」（財団法人ヤマハ音楽振興会），1987
中・四国大学音楽教育学会編纂「楽しくなる音楽講座」（ATN），1991
「音楽中辞典」（音楽之友社），1979
全国大学音楽教育学会編「幼児音楽教育ハンドブック」（音楽之友社），2001

著者略歴（執筆担当）

安達　雅彦（あだち・まさひこ）
国立音楽大学音楽学部器楽科フルート専攻卒業、東京芸術大学大学院研究科修士課程修了。新見公立大学名誉教授。
（第2章　④動きを伴う曲にチャレンジ）

居原田　洋子（いはらだ・ひろこ）
美作女子大学家政学部（現、美作大学生活科学部）児童学科卒業後、津山市立良山幼稚園教諭を務める。美作大学短期大学幼児教育学科講師。
著書：「実習に役立つ表現遊び（指導案付き）」（共著、北大路書房）
（第3章　⑤子どもと一緒にできる音遊び）

上田　豊（うえだ・ゆたか）（編集代表）
大阪芸術大学芸術学部音楽学科（作曲専攻）卒業。順正短期大学教授。全国大学音楽教育学会副理事長、中・四国地区学会理事。
著書：「楽しいオペレッタ集1、2、3」（共著）「幼児音楽教育ハンドブック」（共著、以上音楽之友社）他。
（第1章　第2部「ソルフェージュ」、第3部「2部合唱のつくり方」、第4章　「はじめに」、①音、④リズム、⑤音の響き、⑥楽語・記号、⑦形式）

榎内　光子（えのうち・みつこ）
徳島文理大学音楽学部音楽学科ピアノ専攻卒業。徳島文理大学短期大学保育科准教授。
（第2章　③両手伴奏にチャレンジ）

小池　美知子（こいけ・みちこ）
国立音楽大学音楽学部教育音楽学科卒業、愛媛大学大学院教育学研究科修了。松山東雲女子大学准教授。全国大学音楽教育学会中・四国地区学会理事。
（第3章　①感性と表現、②身体と音楽、③身の回りのものと音楽、④楽器と音楽、⑥わらべ歌）

齊木　恭子（さいき・きょうこ）
島根大学教育学部特別教科（音楽）教員養成課程卒業。鳥取短期大学教授。
著書：「幼児音楽教育ハンドブック」（共著、音楽之友社）他。
（第2章　④動きを伴う曲にチャレンジ）

白石　由美子（しらいし・ゆみこ）
島根大学教育学部特別教科（音楽）教員養成課程卒業。鳥取短期大学教授。
著書：「楽しくなる音楽講座」（共著、ATN社）、「幼児音楽教育ハンドブック」（共著、音楽之友社）。
（第1章　第1部「声楽」）

玉置　忠徳（たまき・ただのり）
京都市立芸術大学音楽学部声楽科卒業。香川短期大学教授、同附属幼稚園長。全国大学音楽教育学会理事、中・四国地区学会会長。
著書：「幼児音楽教育ハンドブック」（共著、音楽之友社）他。
（第4章　②譜表、③音符・休符、④リズム）

村上玲子（むらかみ・れいこ）
エリザベト音楽大学音楽学科声楽専攻卒業、山口大学大学院教育研究科学校教育専攻卒業。日本音楽療法学会認定音楽療法士、宇部音楽療法研究会会長。現在、宇部フロンティア大学教授。
（第1章　第1部「声楽」）

森本　雅子（もりもと・まさこ）
エリザベト音楽大学音楽学科（音楽教育専修）卒業。宇部フロンティア大学短期大学部、下関短期大学勤務。
著書：「幼児音楽教育ハンドブック」（共著、音楽之友社）。
（第2章　「はじめに」、②弾き歌いにチャレンジ）

和田　良子（わだ・よしこ）
中国短期大学音楽科卒業。元岩国短期大学幼児教育科准教授。
著書：「幼児音楽教育ハンドブック」（共著、音楽之友社）。
（第2章　「はじめに」、①はじめてのピアノ）

皆様へのお願い

楽譜や歌詞・音楽書などの出版物を権利者に無断で複製（コピー）することは、著作権の侵害（私的利用など特別な場合を除く）にあたり、著作権法により罰せられます。また、出版物からの不法なコピーが行われますと、出版社は正常な出版活動が困難となり、ついには皆様方が必要とされるものも出版できなくなります。

音楽出版社と日本音楽著作権協会（JASRAC）は、著作者の権利を守り、なおいっそう優れた作品の出版普及に全力をあげて努力してまいります。どうか不法コピーの防止に、皆様方のご協力をお願い申し上げます。

株式会社 音楽之友社
一般社団法人 日本音楽著作権協会

LOVE THE ORIGINAL
楽譜のコピーはやめましょう

歌う、弾く、表現する保育者になろう

2006年4月10日　第1刷発行
2022年2月28日　第15刷発行

編著者　全国大学音楽教育学会
　　　　中・四国地区学会

編集代表：上田豊
執筆者：安達雅彦・居原田洋子・榎内光子・小池美知子・齊木恭子・白石由美子・玉置忠徳・村上玲子・森本雅子・和田良子

発行者　堀内久美雄

発行所　株式会社 音楽之友社
東京都新宿区神楽坂6-30
電話 03 (3235) 2111（代）　〒162-8716
振替 00170-4-196250
http://www.ongakunotomo.co.jp/

装丁：GISUKE Design
カバー・本文イラスト：江原千草
楽譜浄書・組版：株式会社スタイルノート
印刷：星野精版印刷／製本：ブロケード

©NATIONAL ASSOCIATION OF COLLEGE MUSIC EDUCATION chushikokuchikugakkai　　Printed in Japan

日本音楽著作権協会（出）許諾番号 0603198-115号

この著作物の全部または一部を権利者に無断で複製（コピー）することは、
著作権の侵害にあたり、著作権法により罰せられます。
落丁本・乱丁本はお取替いたします。

ISBN978-4-276-31274-6　C1073